世界たすけに活かす おやさまご逸話

茶木谷 吉信

世界たすけに活かす　おやさまご逸話

目次

表紙装丁・石橋睦也

はじめに

私は海辺で遊んでいる少年のようである。ときおり、普通のものよりもなめらかな小石やかわいい貝殻を見つけて夢中になっている。真理の大海は、すべてが未発見のまま、目の前に広がっているというのに。

―アイザック・ニュートン

私は教理とか教祖のひながたなどを考えるときに、いつもこの言葉を思います。教祖の親心というのは、気づけば気づくほど奥が深いことがわかり、また知れば知るほど知らないことが増えていきます。まだまだ「真理の大海」は遠く私の手の届かないところにあると気づいて途方に暮れる一方で、好奇心の渦が巻き起こり、さらに顔を上げて広大な海を見つめるのです。

はやく〳〵としやんしてみてせきこめよ

ねへほるもよふなんでしてでん　（五号　64）

このねへをしんぢつほりた事ならば
ま事たのもしみちになるのに　（五号　66）

私は本当に「教えの根」を掘っているだろうか。本当に頼もしい道を歩んでいるか。こういう自分への問いかけを繰り返すたびに、もっと学びもっと体験することの大切さを痛感します。

教祖のひながたをたどるということは、単に形を真似ることでないのは言うまでもありません。貧のどん底に落ちきられたからといって、枯れ枝や枯れ葉で暖を取りながら、電気のない生活をすることは、現代では不可能に近いでしょう。「監獄にご苦労くだされたこと」そのものがひながたならば、私たちは罪を犯さねばならないということになります。

では、ひながたをたどるとは、どういうことでしょう。

比叡山に千二百年消えない炎があります。しかしそれは千二百年前の炎ではありません。今の空気と油で燃えている。同じように、我々は教祖を130年前の教祖と思っていないでしょうか。そうではなく、「ご存命の教祖」とは、今の空気の中で息づいておられる教祖のはずです。

私はこう思います。大切なことは、ひながたにこもる教祖の思いをかみしめ、「今」に活かすことではないか。つまり「今のこの問題に対して、教祖なら何とおっしゃり、どういう行動をなさるだろう」と考えることではないか。

そのためにもひながたの本質をしっかり勉強したいと思うのです。

ところが、『稿本天理教教祖伝』(以後、教祖伝)、『稿本天理教教祖伝逸話篇』(以後、逸話篇)を拝読させていただきながら、大切なことをうっかり読み飛ばして、あとになって気づくことがあります。読み飛ばしてしまっていた中に、教祖の思いを「今」に活かす大切なカギが隠されていることに気づき、はっとする場面が何度もありました。

この本は、私が〝気づき〟、それが〝おたすけのヒント〟となり役に立ったということを、つたない体験を交えてしたためたものです。

日ごろ逸話篇になじみの少ない方にもわかりやすいように、なるべく平易な言葉を使いました。どうしても説明の中に専門的な言葉や解説が入りますが、難しい註釈は読み飛ばしていただいても、意味は通じるように書かせていただいたつもりです。

本格的に研究をなさっている方から見れば、「それがどうした」と思われるようなことばかりだと思うのですが、一ようぼくの奮闘記としてお読みいただければ幸いです。

ひながたの解釈に「これが正解だ」と軽々しく決めつけられるものはないと思います。あくまで私が感じたこと、私の悟りとしておつき合いくださいますようお願いいたします。

なお、本の末尾に「研究ノート」として、現在私が調査中のご逸話に関することをつけ加えました。内容は少し専門的になりますが、たいへん興味深いものです。ぜひご一読ください。

「逸話篇三一　天の定規」

ケンカの原因

家庭や職場で意見がぶつかり気まずい思いをすることがあります。「人間の悩みは、すべて対人関係の悩みである」と、心理学者のアドラーは言いました。それほど人付き合いとは難しいものです。

私たちがケンカや言い争いをするとき、つい自分は正しく相手は間違っていると思いがちです。自分の主張を通し、相手がいかに間違っているかを言いつのります。こうなると水掛け論に終始して結論は出ません。仲良く治まったように見えても、実はどちらかが我慢しているだけの場合だって少なくないと思います。

ケンカとは、ほんとうにどちらかが正しくどちらかが間違っているのでしょうか。言い争いは、どちらかが真っ直ぐでどちらかが曲がっているから起こるのでしょうか。

人は皆それぞれに「真っ直ぐ」の判断基準を持っています。最初から曲がっていると思いながら行動をすることは、めったにありません。そしてその「真っ直ぐ」は一人ひとり違います。

をやこでもふうくのなかもきよたいも
みなめへくに心ちがうで
（五号 8）

私は刑務所の教誨師もつとめており、個人教誨《きょうかい》といって、刑務所で受刑者とカウンセリングのようなことをすることもあります。そういうときに気づくのですが、犯罪者でさえ、その犯罪に対して「真っ直ぐ」だったと思っている場合があります。こじつけであれ、その人にとっての「真っ直ぐ」を訴えられる場合があるのです。

私たちは社会において、お互いの「真っ直ぐ」を示し合い、摺《す》り合わせながら生活しています。法律とは、この摺り合わせをまとめたものです。

実は私たちが経験するやっかいなケンカやもめ事は、どちらかが「曲がっている」から起こるのではなく、どちらも「真っ直ぐ」である場合が多いのです。つまり「真っ直ぐ」同士のせめぎ合い、ぶつかり合いだと言えます。

ハエ入りのお酒を飲ませる極悪人

以前、こういうことがありました。私が生まれ育った教会に、部内教会の前会長さんが住み込んでおられました。毎日夕食の時に一杯のお下がりのお酒を、おいしそうに飲まれるのが日課でした。

ある日「ごはんですよ」の声に食堂に行き、ふと前会長さんの席に据えてあるお下がりのお酒を見ると、神様にお供えしているときに入り込んだのか、ショウジョウバエが一匹浮いていていました。

前会長さんはもうそこまで来ておられる。注ぎ直す時間は無い。私はとっさに、そっとつまんで捨てました。それを、小学校2年生の妹が見ていました。なんということをするんだという、不信感いっぱいの視線でした。

いざ、前会長さんがお酒を飲もうとした瞬間、案の定、妹が「あ～！」と声を上げました。

「おじちゃん、そのお酒には……」

そう言いかけたとき、私は妹に向かって「黙っていなさい！」と怒鳴ったのです。当然妹は、なぜ怒鳴られるのかわかりません。猛烈に抗議してきました。

「なぜ？　お兄ちゃん、ずるい！」

ショウジョウバエが浮いていたお酒を、何事もなかったかのように黙って飲ませる兄。妹には私が極悪人に見えたでしょうね。これが子どもの「真っ直ぐ」です。どこも間違っていません。お酒にショウジョウバエが浮いていたと教えてあげること。これは妹の正義。実に正統な「真っ直ぐ」です。

しかし、私はなぜ「黙っていなさい！」と怒鳴ったのでしょう。

私は前会長さんの性格も人間性もよく理解しています。ショウジョウバエが浮いているくらいで、お酒を捨ててしまうような方ではないこと。新しいお酒をお出ししようとしても、かえって遠慮なされ、「そのお下がりでいい」とおっしゃること。そういうことが簡単に想像できました。だったら、知らない方がおいしくいただいていただけるのではないか。そこで私は「黙っていなさい！」と怒鳴ったのです。これは、私なりの正義であり「真っ直ぐ」です。

いかがでしょう。こうなれば、もはやどっちが「真っ直ぐ」か、という議論ではなくなっているのではないでしょうか。どっちが正しいか、ではなくてどっちが相手に対して誠真実なのか、ということになるでしょう。人間の「真っ直ぐ」に正解などないのです。

こういうことは、お互い日常生活でよくあることです。お互いの「真っ直ぐ」を主張しあう。そしてもめ事になり、喧嘩になり、人間関係に修復不可能な溝が生まれる。こうして悩みごとが生まれ、心を病む人だって出てくるのです。

「真っ直ぐ」について、教祖がお説きくだされているご逸話があります。

「逸話篇三一　天の定規」

教祖は、ある日飯降伊蔵に、

「伊蔵さん、山から木を一本切って来て、真っ直ぐな柱を作ってみて下され。」

と、仰せになった。伊蔵は、早速、山から一本の木を切って来て、真っ直ぐな柱を一本作った。すると、教祖は、

「伊蔵さん、一度定規にあてゝてみて下され。」

と、仰せられ、更に続いて、

「隙《すき》がありませんか。」

と、仰せられた。伊蔵が定規にあててみると、果たして隙がある。そこで、「少し隙がございます。」とお答えすると、教祖は、

「その通り、世界の人が皆、真っ直ぐやと思うている事でも、天の定規にあてたら、皆、狂いがありますのやで。」

と、お教え下された。

「天の定規」をあてると見えるもの

「真っ直ぐな柱を作ってみて下され」と言いつけられて、飯降伊蔵先生は一生懸命真っ直ぐな柱をお作りになりました。「櫟本《いちのもと》千軒きっての正直者」と言われた方ですから、プロの大工として誠心誠意、真っ直ぐな柱を作られたことと思います。しかし柱をお目にかけたとたん、教祖は間髪を入れず「一度定規にあててみて下され」と仰せられました。考えてみたら、少しいじわるのようにも見えます。でも、これこそがこのご逸話を理解するヒントです。つまり、最初から人間の「真

っ直ぐ」に限界があることをご存じだったのではないか、ということです。

定規をあてたらやはり隙がありました。そこで教祖は「世界の人が皆、真っ直ぐやと思うている事でも、天の定規にあてたら、皆、狂いがありますのやで」と、大切な教理をお諭しになるのです。

このご逸話でお示しいただいていることは、「天の定規」を判断基準にする大切さです。

そのほかにも、「私」の真っ直ぐには限界がある、と自覚すること。もしかしたら、相手から見たら「私」の方が間違っているように見えているのではないかと気づくこと。つまり、お互いの「真っ直ぐ」を認め合い理解する、最低でも理解しようと努力することも含まれると思います。そのためには黙っていては何も解決しません。談じ合いをすること、これが大切です。

しょせん人間同士の「真っ直ぐ」ですから、合うはずがない。でもそれを天の定規――親神様の教えに照らし合わせることを知っているのが私たちようぼくです。自分の「真っ直ぐ」を一度捨ててみて、天の定規にお互いが合わせる努力をすることが大切です。何度も失敗を重ねて、少しずつ自分の「真っ直ぐ」が天の定規に近くなるように摺り合わせていく。天の定規と自分の定規の隙を埋めていくのです。

ですからどんな場合でも「オレに合わせろ」ではだめですね。しょせん人間の「真っ直ぐ」の域《いき》を出ません。合わせている方にストレスが生じます。「お互い天の定規に合わせていこう」という談じ合いをすれば、ケンカやもめ事が起こる余地はありません。

さらに言えば、私たちは教えのすばらしさを人に伝える使命を帯びた者です。天の定規に沿うことがすばらしい人生を送る最短コースであることを、未信の人に伝えていくことも大切だと思います。

天の定規に沿った「真っ直ぐ」は美しいのです。あの人の「真っ直ぐ」は、他の誰の「真っ直ぐ」より美しくてカッコいい、そう思っていただけるのが「なるほどの理をせかいに映す」ということでしょう。これがようぼくの使命であり、何よりのにおいがけになります。

今は亡き三代真柱、中山善衞様は、

「自分自身の生活態度を教祖の教え通りに正直に実行することが、何はさておき、私はこれが一番、最大、最強、最高のにをいがけであり、そしてそれがまた、おたすけへつながっていく行為であるということを自負して頂きたいのであります。」（立教144年〈1981〉3月30日 天理教学生会第17回総会におけるお話）とお述べになりました。私はこのとき学生として会場にいたのですが、すごく胸に響きました。このお言葉が大好きで、今でも時々人に話します。

私たちは、どうしても人の意見に流されたり、自分の好き嫌いや保身に左右されたりします。このご逸話は、みんながそう言うからといっても流されないで、日常の出来事を教えに基づいて判断することの大切さを教えてくれていると思います。それを「定規」という身近な道具で見事に言い表されたと思うのです。

「逸話篇一二三　人がめどか」

「里の仙人」を目指す難しさ

私たちは、当然のことですが「人」に囲まれて信仰生活を送っています。山奥にこもり、人間との関わりを断って悟りの境地を開く「山の仙人」なら、教えに沿って生きることもできやすいのかもしれません。

しかし「銘々が常に、教祖《おやさま》のひながたをたどり、俗にいて俗に堕《だ》せず、進んで土地ところの手本雛型となってこそ、真《しん》にその使命が全うされる。」（教典第九章）とあるように、教祖は私たちに「里の仙人」——人との交わりの中で教えを守り「なるほどの人」を目指すことをお望みになっています。

これが難しいのです。人が二人寄ればすでにそこに悩みが生まれます。他人のことはわからない、という簡単な理由からです。

をやこでもふうくのなかもきよたいも
みなめへくに心ちがうで
（五号　8）

親子でも夫婦でもきょうだいも、心は違います。心が違えば価値観が変わりますから、行動が違ってくる。だから他人の行動は容易に理解できません。そしてその理解できない悩みに感情が加わると、時として自分自身の信仰を揺さぶってきます。

「あれでも信仰者か?」「信仰していてなぜ、あんなことを言うのだろう?」

人間に対する不信感から信仰にまで疑問を抱くようになるのです。

こんな時、私たちはどう考えたら良いのでしょうか。

「逸話篇一二三　人がめどか」

教祖は、入信後間もない梅谷四郎兵衛に、

「やさしい心になりなされや。人を救《たす》けなされや。癖、性分を取りなされや。」

と、お諭し下された。生来、四郎兵衛は気の短い方であった。

明治十六年、折から普請中の御休息所の壁塗りひのきしんをさせて頂いていたが、「大阪の食い詰め左官が、大和三界《がい》まで仕事に来て。」との陰口を聞いて、激しい憤《いきどお》りから、深夜、ひそかに荷物を取りまとめて、大阪へもどろうとした。足音をしのばせて、中南の門屋を出ようとした時、教祖の咳払いが聞えた。「あ、教祖が。」と思ったとたんに足は止まり、腹立ちも消え去ってしまった。

翌朝、お屋敷の人々と共に、御飯を頂戴しているところへ、教祖がお出ましになり、

「四郎兵衛さん、人がめどか、神がめどか。神さんめどやで。」

と、仰せ下された。

これは、「ひのきしん」という勇んだ信仰の場面です。誠真実でつとめる「ひのきしん」の場面でさえ、人同士の感情が揺れ動くことが昔からあったのです。

私はこのご逸話を拝読したとき、どうしても納得いかない点がありました。

「おやしきに寄り集っている人が、一生懸命ひのきしんにがんばっている梅谷四郎兵衛先生に、なぜこんな陰口を言ったのだろう」と。

まあ、日ごろお屋敷にもいろんな人が出入りするし、特にこのときは御休息所の普請中でもあり、大勢の人がひのきしんに来ているわけですから、中にはそんなことを言う人もいたのだろうか、程度に考えていました。しかし、気にしないようにしようとするほど、この疑問が大きくふくらんできて仕方ありません。

そもそも四郎兵衛先生は、ご逸話で悪口を言われたような「大阪の食い詰め左官」などではありません。

老舗の十四代棟梁だった四郎兵衛先生

四郎兵衛先生は、弘化4年（1847）生まれ。幼名は勝蔵。数え14歳で大阪・船場で13代続く「左官四良《さかんしろう》」こと浦田家へ養嗣子《ようしし》に入り、慶応元年（1865）に数え19歳（満18歳）という若さで14代棟梁「左官四良」を襲名されました。3００軒～4００軒も得意先を持つ、大阪という大都会に店を構える老舗《しにせ》でした。

その後お家騒動のような事情があって、四郎兵衛先生は決然と浦田家から身を退《ひ》かれ、たね夫人を連れて独立されました。当時はいろいろとご苦労もあったようですが、腕の立つ職人さんであったのは間違いありません。そしてそれは、皆もよく知っていたはずなのです。

さて、左官の棟梁というのは、単に左官業を経営し職人を雇って仕事をするだけではありません。『舊《ふる》きを尋ねて』（養徳社・梅谷忠雄著）より引用します。

御屋敷の台所で夕食を頂いていた時のことです。お台所の隣の部屋からでしょう「梅谷さんは大阪に仕事がないので来ているのや、飯を食いに来ているのやろう」との話し声が聞こえて来るのです。丁度三杯目のお茶づけで口の中に御飯が入っている時ですから文句がいえません。口をもがもがさせ乍《なが》ら口惜し涙にくれるのでした。というのは、大阪の中央で十三代続いての左官統領であり読み書きそろばん許《ばか》りでなく、お茶お花の仕込みも充分受けているし骨董品を看《み》る眼も養われているし、立派なお屋敷に出入して旦那との世間話も壁の色のことからあらゆる美術関係について話し相手になるだけの教養を身につけているのが、当時の統領であったわけですから、統領中の統領と自任もし、又出入先の家も何百軒とあるその忙しい中を十二里の道程を山を越えおやさま敬慕《けいぼ》の一念に燃えてひのきしんさせて頂こうとはるばるお屋敷に馳《は》せ参じた祖父にしてみれば、余りに心外千万であります。

四郎兵衛先生の「激しい憤り」がよくわかります。

私はこう思いました。四郎兵衛先生は、腕の立つ左官さんだからこそ陰口を言われたのではないか、と。

ご休息所の普請中、左官業仕事は、やはり四郎兵衛先生を中心にひのきしんが行われたと見るのが自然でしょう。大阪の高名な左官の棟梁をお務めになっていたのですから、周囲の期待も高かったのは容易に想像がつきます。

四郎兵衛先生の入信は明治14年（１８８１）2月です。（教祖伝第七章）

ご休息所の普請は明治16年に竣工していますので、四郎兵衛先生は入信2年目という比較的信仰歴の浅い信者でした。信仰歴の古い方で、後々までようぼくとして勤められた人々は、文久元年（１８６１）ごろから次々に親里へ引き寄せられていますから、この時点で20年近い差があります。

しかも四郎兵衛先生は、明治14年4月、なんと入信2～3カ月目で、山のふもとからお屋敷までかんろだいの石出しの御命を戴いておられます（逸話篇八二　ヨイショ）。石出しは二人や三人でできることではありません。その御命を戴くということは、それだけの人を指図できる能力と度量があったということです。おぢばがえりのたびに多くの人をお連れする、まさに日の出の勢いでにおいがけ・おたすけに邁進されている方でした。

10年、20年という信仰歴の人と、入信2年目の四郎兵衛先生が、いっしょに壁塗りや内造りなどのひのきしんをなさっているのです。しかも音頭を取っているのは日の浅い四郎兵衛先生です。

普請している建物は、他ならぬ教祖がお休みになるご休息所です。

普請以前は表通りに面した「中南の門屋」にご起居なさっていました。門屋は門に付設された建物ですから、官憲がドンドンと戸をたたく、その門の隣にご起居なさっていた。せめて教祖にはゆっくりお休みいただきたいという、信者さん方の悲願で、つとめ場所のもっと奥に建てている建物がご休息所です。四郎兵衛先生も真実込めて壁を塗られたことと思います。

しかし「生来、四郎兵衛は気の短い方であった」とご逸話にも書いてあります。仕事に熱が入るあまり、つい言葉が荒くなったり、きつく命令するつもりはなくても受け取る方がそう受け取る場面がなかっただろうか。思いがここにいたって、「大阪の食い詰め左官が、大和三界まで仕事に来て」などと陰口を言われた事情がわかるような気がしたのです。

私はこれは陰口ではなかったのではないかとさえ思います。四郎兵衛先生からつい強い口調でものを言われて気分を害している人を慰める、その場だけの言葉ではなかったかとも思うのです。「まあ、何と言われても気にしなさんな。暇だから大阪から来てるんや」と。

また、感情の行き違いという面から見れば、別の原因も考えられます。

これはある先生からご指摘をいただいたのですが、四郎兵衛先生は大阪の腕の良い左官ですから、材料や手順などにもこだわる。ところが、大和のような田舎の建物の壁はそんな良い材料を使わなくとも、ある程度の手順を省いても十分できる。それどころか、材料を節約してもらわないと会計事情が切迫してくる。しかし四郎兵衛先生はプロだから仕事に妥協はしない。そのあたりの行き違いもあったのではないか、というご指摘をいただいたのです。

いずれにせよ、プロとして最高のひのきしんをさせていただこうとする思いが、かえって感情の行き違いを招いてしまったということに変わりはないと思います。
こう考えることで、似たような場面が私達の周りにもあることに気づきました。

一生懸命比べ

大変腕のいい小料理屋の女将さんに、においがかかったとしましょう。祭典の直会《なおらい》の準備を信者さん方がいっしょにやっています。女将は腕に自信がありますから「ちょっと味付けが……」とか「盛りつけは……」とか口を挟みます。素材の善し悪しまで話題にする。プロですから当然です。みんなのためにおいしい料理を作ることが、自分にできる最高のひのきしんなのですから。

しかし周りにいる、20年来、教会の料理を担当してきた奥さん方はおもしろくないわけです。「あ～ら、そ～お?」「お陰でおいしい料理になったわ～」などと口では言いますが、陰で「何よ、新参者がちょっとできるくらいで……」「なあに、お店が暇なのよ、だから来てるのよ」などとヒソヒソ話をする。これが女将さんの耳に入ると、女将さんは「激しい憤り」を感じるのではないでしょうか。

私達の周りにも似た場面がありませんか。こう考えることで、「人がめどか、神がめどか。神さんめどやで。」という教祖のお言葉をグッと身近に感じることができませんか。そして、このご逸話の冒頭部分、つまり四郎兵衛先生が入信当時、「やさしい心になりなされや。人を救けなされや。癖、性分を取りなされや。」と常々教祖からお仕込みいただいておられたということも、気が短いということからその理由がわかりますし、だからこそ「神さんめどやで」というお言葉が、改めて四郎兵衛先生の心に響いたことは容易に想像がつきます。

また、ひのきしんやおつとめなどという信仰の重要な局面ですら、人に不足心を抱かせてしまうという教訓にもなります。いや、むしろ皆が一生懸命がんばっているからこそ、お互いに「一生懸命比べ」をしてしまって感情の行き違いが起きてしまうのです。

「人がめどか、神がめどか」

このお言葉に、はやる胸を抑えたり、こみ上げる感情を押し殺した経験をお持ちの方も多いと思います。ここをぐっとこらえて神様めどで乗り越えたら、果たしてどういうご守護がいただけるのでしょう。それもちゃんとご逸話に残してくださっています。

「逸話篇一二六　講社のめどに」です。四郎兵衛先生はこの普請が終わると同時に、赤衣《あかき》を頂戴しておられるのです。しかも「予知夢」までお見せになって。このご逸話も同時にお読みくだされば、よりいっそう四郎兵衛先生の感動が伝わってくることと思います。人の口に惑わされず、神様めどにつとめきられた真実を教祖はお受け取りくだされたのですね。

　このように、逸話篇は一つひとつ単編で読むのではなく、人物や出来事などで「串刺し」にしてみると、新たな発見をすることがよくあります。

「逸話篇一八七　ぢば一つに」

「三歩進んで二歩下がる」

私たちは陽気ぐらしを目的として人生を歩んでいます。

その陽気ぐらしとは、単に楽しいことが続き、悲しみが全くない暮らしではありません。どんなに長生きしたとしても、親が出直したときは悲しいでしょう。また、病気をしない人生は、病気から快復したときの喜びを知らない人生になります。不自由を知らない人生は、不自由な人の気持ちがわからない人生になってしまいます。

本当の陽気ぐらしとは、そういう浅いところの感情で作り出されるものではなく、もっと深い精神から生まれるものだと思います。白という色は「白じゃない」というものの上にあって初めて「白」と言えるのです。それと同様に、陽気ぐらし世界は「陽気ぐらしじゃない」という下敷きの上にのっています。そうでないと「陽気ぐらし」そのものが当たり前になり、喜べなくなってしまうからです。

とはいえ、いったんつらいことが起きると、私たちはその悲しみにすっかり支配されて、前を向くことすら忘れてしまいがちになります。

人生には悲しいことがつきものです。水前寺清子の「３６５歩のマーチ」という曲、あれはすごい歌だなあと思います。

「幸せは歩いてこない、だから歩いて行くんだね」

どうも私たちは、悪いことさえせずにじっと待っていたら、向こうから幸せが「ご機嫌さん」と歩いてくるような感覚を持っていますよね。でもこの歌は「歩いてこない」と断言しています。だからこっちから歩いて行くんだと言うのです。またその歩み方がすごい。

「一日一歩、三日で三歩、三歩進んで二歩下がる」

あっさりとこう歌っていますが、誰でも進んでいるときは良いのです。しかし下がっているときのつらさはたとえようもありませんよね。もう二度と前には進めないいんじゃないか、と思うこともしばしばです。これをカラッと歌ってしまうからすごいと思うのです。

赤ちゃんの葬儀を頼まれて

以前、わずか1歳10カ月で短い生涯を終えた赤ちゃんの葬儀を頼まれたことがあります。数万人に一人の難病でした。悲しみにうちひしがれる若い父親。彼K君は小さいころ「こどもおぢばがえり」に参加してくれたことがありました。

私の教会は九州ですから、フェリーで瀬戸内海を渡っておぢばがえりをします。そのとき船が揺れ、K君は船酔いをしたそうです。私が「おさづけ」を取り次ぎ「御供《ごく》さん」をいただかせたら、気分が良くなったというのです。我が子が亡くなるという人生最大の悲しみに出会ったときに、その不思議な体験を思い出し、私を探してお葬式を頼んできたのでした。

私はすぐにK君のもとに駆けつけました。かつての少年はすっかりたくましい父親に成長していました。「久しぶりだね」と言葉を交わしましたが、それもつかの間、「俺たちは何と運が悪いんだろう」とうなだれるK君夫妻にかける言葉もありませんでした。

そのとき胸に浮かんだのが、次の逸話でした。

「逸話篇一八七　ぢば一つに」

明治十九年六月、諸井国三郎は、四女秀《ひで》が三才で出直した時、余り悲しかったので、おぢばへ帰って、「何か違いの点があるかも知れませんから、知らして頂きたい。」と、お願いしたところ、教祖は、

「さあ〳〵小児のところ、三才も一生、一生三才の心。ぢば一つに心を寄せよ。ぢば一つに心を寄せれば、四方へ根が張る。四方へ根が張れば、一方流れても三方残る。二方流れても二方残る。太い芽が出るで。」

と、お言葉を下された。

諸井国三郎先生は数え年3歳のお子さんを亡くされました。今でいうところの満1歳～2歳。元気に歩き回り、片言の言葉をしゃべり始めるころです。まさに可愛い盛りのお子さんでした。

このご逸話をもう少し深く情景を思い浮かべながら読んでみましょう。部分的に私の想像が入っていることをお許しください。

親にとって子どもを亡くすことほど悲しいことはありません。特に「子どもは三歳までに親孝行の全てをなす」と言われるほど、このころの子どもは存在自体が愛おしくてたまりません。国三郎先生は、そういう子どもさんを亡くされたのです。気も狂わんばかりの悲しみだったことでしょう。「余り悲しかったので」という一文に、言葉に出来ないほどの深い悲しみが込められているように感じます。

『山名大教会史』をひもといてみます。

「秀は明治十七年に、帯屋《おびや》許しを戴いて、結構に安産された娘であった。風邪一つひいた事もなく、壮健であったが、三歳の折、俄《にわか》のひきつけから一夜の間に出直しになってしまった。明治十九年の六月である。此の時の講元の悲歎《ひたん》は、例へ様もなく深かった。講元は哀惜《あいせき》の情に堪《た》へ兼《か》ねて、二階へ上ったまま、一日中涙にくれたのであった」

山名大教会史をくわしく読ませていただくと、このときの国三郎先生の背景がもっとよくわかります。巻末の年表に、国三郎先生の年譜が書かれているのですが、この明治十九年六月には「初代会長一家、貧窮《ひんきゅう》に陥《お》つ」と記されています。

前年の明治十八年、国三郎先生は養蚕《ようさん》業の仕事をやめ、おたすけだけの生活、いわゆる道一条の生活に入っておられます。生活は貧のどん底で、ご長女たまさんは家計を支えるために富岡製糸に女工として働きに出、その長女から送金された給金も布教に使うという熾烈《しれつ》な道中でした。この逸話に登場する亡くなった四女秀さんのお葬式も「満足にできにくかった」と書かれています。それほどの苦労の道を通りながら、こういう悲しいふしを見せられたわけです。

さて、逸話篇をもう一度よくご覧ください。国三郎先生は教祖に何とお尋ねになったのでしょう。「何か違いの点があるかも知れませんから、知らして頂きたい」――自分の落ち度を指摘してもらいたい、とお願いなさっています。

苦労のどん底を人だすけのために勇んでお通りになっていた国三郎先生。なぜ、とお思いになったでしょう。今、自分を支配している狂わんばかりの悲しみ。このままでは納得いかない。苦しい。一生懸命信仰をしていて、どうしてこういう悲しい目に遭わなければならないのか、と。

人間は本当に悲しいとき自分を責める

2005年4月25日、JR福知山線で電車脱線事故が起きました。107名が死亡、562名が負傷した凄惨《せいさん》な事故でした。その事故に遭われた被害者の家族の手記を読んだことがあります。不思議なことに手記では、本来責めるべき相手であるJR西日本ではなく、ひたすら自分を責めておられました。

「どうしてあの電車に乗せてしまったのだろう」

「どうしてもう一声かけてでも後の電車に乗せることが出来なかったのだろう」

事実は変えられない。起こってしまったことは取り返しがつきません。相手を責めても愛する家族は帰ってこない。人間はそんなとき、つまり本当に悲しいときは唯一変えられる可能性のあった自分の判断を責めてしまうのです。

国三郎先生も、きっとご自分を責められたのではないでしょうか。そして「おまえのここが悪かったからこうなった」と、他ならぬ教祖に言われたら納得できる、心が楽になる、と思われたのだと思います。……ところが教祖の第一声は想像もしないお言葉でした。

「三才も一生、一生三才の心」

何という大らかな、生命観にあふれたお言葉でしょう。親神様に命を与えられ、そして親神様に命を引き取られた我が子。わずか3歳でこの世を去った短い命。

しかし、3歳も一生。その人生にも立派な意味がある……その意味とは何だろう。

思いがここに至ったとき、間髪を入れず、「ぢば一つに心を寄せよ」「太い芽が出るで」とお言葉が続くのです。ここが悪かったからこうなった、という因果よりももっと重要なことがある。それは「ぢばに心を寄せる」こと、「をやの心」に思いを寄せること、ふしにこもる「をや」の思いをどう悟り、どういう太い芽を出すかということなのです。過去を振り返って、ああだったからこうなった、あのときこうしていれば、と悔やむより、このふしを生きぶしにして、将来どんな芽を出すのか、それを考えよということなのです。


私は、このご逸話をもとに、K君夫婦に話しました。

「力になるよ。短い生涯だったけど、この子の短い生涯には、それなりに役割があった。精一杯役割を果たして亡くなったんだ。この世に無駄な命、無駄な人生なんてひとつもないよ。この子の人生も決して無意味ではない。両親と共に生き、共に笑い、そして何より、君たち夫婦の心を強くしてくれた。

一時は天を恨《うら》んだことだろう。なぜ自分の子どもだけが……と思ったはずだ。

でも、目の前の我が子、小さい体で必死に病気と闘う我が子を見て、心を奮《ふる》い起こしたんだね。必死で看病しただろ。大学病院まで1時間かけて毎日通ったよね。頑張ったね。でも亡くなった。悲しいね。つらいね。

でも悲しいことを悲しいで終わるのが、実は一番悲しいことなんだ。天理教では人が死ぬことを出直しという。この子の魂は必ずこの世に帰ってくる。そのときに今みたいに天を呪《のろ》い、運命を嘆《なげ》いているだけじゃ、それこそ、この子の人生が無意味になってしまうんじゃないかな。この子が帰ってくる時までに、この子の出直しをきっかけに、もっともっと前進すること。そしてこの子のおかげで今がある、と思えるようになること。君たちが変わらなきゃダメなんだ。それが、この子の短い生涯に応える、何よりの報《むく》いだ。この子が自分の短い生涯を懸けて残していったものがあるんだ。それを考えよう。そうでなきゃ、この子の魂が安心できないよ。わかるだろ」

泣きながらうなずくK君。私もクシャクシャでした。

これが縁となって、この若い夫婦は講社を祀《まつ》ってくれました。わが子を亡くすという人生最大の悲しみの大ふしから見事に立ち直ってくれたのです。このときほど、このご逸話を有り難く感じたことはありません。

ちなみに国三郎の奥様、諸井そのさんは、この「太い芽が出るで」とのお言葉をいただかれた直後に再びご懐妊《かいにん》、ちょうど十カ月後の翌年四月、同じく女の子を授かっておられます。諸井ろく。後に養嗣子として慶五郎先生を迎え、三代会長夫人となられた方です。

「逸話篇一七二　前生のさんげ」

学校と家庭の仲立ち役として

私は、現在「主任児童委員」というお役を行政から頂戴しています。一番多いのは、学校からの依頼で「ケース検討会議」への出席を求められることです。児童や生徒に何か困ったことが起きた場合、学校・地域・行政の各担当者が集まって対策を協議したり、ケアの方法を探ったりする会議です。

学校と家庭とは、時おり対立しやすいものです。なぜなら、学校は教育のプロ集団だからです。つまり教育をしてお金をもらっている「サービス提供者」なのです。昔、先生は「聖職者」などと言われましたが、それはすでに死語になっています。先生方にもそういう意識はあまりありません。むしろそういう意識を取り払いつつ、プロとして子どもときちんと向き合おうとしておられます。

しかし、保護者はサービス提供者としての先生方に対して、平気でいろんなことを言います。「先生なんだから当然でしょう」と、時には法外な要求をしてくるのです。一昔前までは家庭のしつけの分野だったことまで、学校に押しつけてくる保護者も増えました。いわゆる「モンスターペアレンツ」も増えています。

当然、学校としては対応できることとできないことがあります。こうして感情の対立が生まれるのです。管理職や担任の先生の家庭訪問をシャットアウトする保護者もいます。そんなとき頼りになるのが「地域力」です。主任児童委員や民生児童委員の出番です。学校から依頼があるのは、こういう背景です。

しかし、保護者にとってみればただの地域のおじさん、おばさんですから、出てくる意味がわかってもらえません。プライバシーに絡《から》むことも多く、地域に知られたくないこともありますから怪訝《けげん》な顔をなさるのです。

そこで私は「認定心理士」や「不登校支援相談員」の資格を取得しました。子どもに接するための技術（スキル）を上げることも目的でしたが、一つには学校を保護する、という側面もありました。「この人は誰ですか？　なんで無関係な人がいるのですか？」という保護者の質問に、「いや、この方はこういう資格もお持ちで、専門的な知識もありますから入っていただいています」と答えられるようにしたのです。

子どもの相談は実にいろいろな種類があります。不登校をはじめとして、虐待を疑われるケース、非行問題、いじめ問題などです。特に最近増えたのが「ゲーム依存」「ネット依存」などの問題です。テレビゲームやスマホを持つことが当たり前になり、一日中画面を見続け部屋から出てこない子どもが増えているのです。

ネット・ゲーム依存のおたすけ

そんななか、私は親里で開かれる、本部布教部主催の「ひのきしんスクール」にパネリストとして参加することになりました。テーマは「ネット・ゲーム依存」。私に求められたのはそのおたすけに対する教理的なお話でした。

困ったときは教祖。困ったときはひながた。これが私の基本姿勢ですから、すぐさまひながたをおさらいしました。しかし、江戸、明治の時代にインターネットもテレビゲームもあるはずがありません。こういう新しい問題に対するおたすけのヒントは、ひながたには無いのだろうか、とあきらめかけたとき、あるご逸話が目に飛び込んできました。

「あった！」――私は膝を打ちました。

「逸話篇一七二　前生のさんげ」

堺に昆布屋の娘があった。手癖が悪いので、親が願い出て、教祖に伺ったところ、

「それは、前生のいんねんや。この子がするのやない。親が前生にして置いたのや。」

と、仰せられた。それで、親が、心からさんげしたところ、鮮やかな御守護を頂いた、という。

まあ、何とも短いご逸話です。しかし、これは依存症のおたすけに必ず役に立つに違いないと確信しました。なぜならこれは「窃盗症（クレプトマニア）」のケースだと思ったのです。窃盗症とは、少し前までは「窃盗依存症」とも呼ばれていて、ギャンブル、アルコールなどのいろんな依存症の一つとされています。

さっそく、この逸話が逸話篇に採録される前の出典を探しました。それはすぐ

に見つかりました。諸井政一先生の『正文遺韻』でした。やはりそこには、窃盗症に特徴的な症状が描かれていました。

原文は文語調でわかりにくいので、私の責任で現代語に翻訳して引用することにします。

泉州堺に、昆布を担いで売り歩く、ある男がいました。十年前に奥さんに死に別れました。そのとき三歳になる娘がいましたので、後妻を勧める人もいましたが、（継母に苦労するかもしれないと）娘をいとおしく思うあまり、独身で過ごすことを決心し、職人を辞めて昆布売りになりました。

幸い、近所に姉が住んでいましたので、昼の間は姉に娘を預け、昆布を担いで一里（約四キロ）内外のところを売り歩いて、わずかの収入で満足して、かなり早く帰宅して娘を愛し育てていました。

こうして二年が過ぎ、三年が過ぎ、娘も十歳を超えましたので、（もう大丈夫だろうと）二里（約八キロ）、三里（約十二キロ）と遠く出かけて売るようになり、時には一晩くらいは帰らない日もありました。そういうときは、食べ物もおこづかいも娘に与えて、決して不自由な思いはさせませんでした。

ところで、この娘は五、六歳のころから人の物に手をかける癖がありました。時々ご近所の人からあれこれ苦情を聞いていましたので、大変心配していましたが、これが成長とともにますます激しくなってきて、やめる気配もなく、よその家に遊びに行っては必ず何かを持って帰って、これを売り、食べ物を買って食べるのでした。

父は厳しい意見をして叱ることもたびたび重なりました。そしてついに、

「可愛い我が子ではあるが、我が手にかけるしかない。おまえを殺して、私も自害して死のう」

と、二階の柱にくくりつけて泣きながら、激しく叱りました。

娘も大変心に響いたようで、泣きながらこう言いました。

「私も、あえて人の物を盗もうという気持ちはないの。お父さんから叱られるそのたびに、もう決して盗みはしない、と固く決心するの。でもどういうわけか人の物を見たら、どうしても欲しくなって、気がついたら持って帰っているの。今日からもっと注意するから、どうか許して」

こう言って娘はまた泣きました。それを聞いた父親も、ついに手を下すことができませんでした。

こうしてなおも変わらずに、時々盗みを働きますので、どうすることもできず、嘆きつつ心配しながら暮らす中に、この道でたすけていただけるという噂を聞きました。ある日、例の昆布を担いでおぢばがえりをし、

「神様のおたすけには、かなわないことは何もないと聞きましたので、こうしてやって来ました。この娘の癖をたすけてはいただけませんでしょうか」

と事細かに説明して願い出ました。仲田佐右衛門（儀三郎）様が取り次いで、教祖に申し上げると、教祖は、

「どういうことも叶《かな》えてやるが、神の言うこと、守れるか守れんか、聞いてみよ」

と仰せになりました。これを昆布売りに申し伝えますと、

「もうもう、どんなことでも守ります。三歳の時から十年あまり、男の手一つで育て上げるのは、並大抵の苦労ではありませんでした。それが人並みに育たず、親に苦労をかけていることを思えば、どんなことも守りますから、どうか

おたすけください」

と、父親は涙を流しながら答えました。仲田様がこのことを教祖に申し上げますと、

「この娘は、前生にておまえの妻であったのや。相当な暮らしをしていて、何不自由ないのに、おまえが今娘がしている通りのことをしていたのや。そのとき、妻は何遍泣いて諫《いさ》めたかわからん。それにもかかわらず少しも言うことを聞かなかったので、世間を恥じて、情けない人や、こんなことさえしてくれねば立派に通れるのに、むごいことをしてくれる、と嘆いたり恨んだりして、それが積もりに積もって死んでしもうた。そこで、この世は親子となってその理が現れてきたのやで」

と仰せになりました。仲田様も恐れ入って、このことを教理のお話とともに父親に申し伝えました。

父親は大変心に響いたようで、涙を流してお詫び申し上げ、喜んで帰って行きました。

その後、一カ月ほどたっておぢばに父親が帰ってきました。そして言うには、

「その後、すっきり娘の癖は治りまして、今は安心して暮らしております」

とのことでした。

実に不思議なことでした。

（現代語訳・文責は筆者）

ポイントは当事者を責めないこと

窃盗症の特徴は、「悪いということに気がついている」ということです。

依存症の多くは、立ち直らねばならないということはわかっています。しかし、気がついたら飲んでいる、これがアルコール依存です。気がついたらパチンコをしている、競馬場にいる、これがギャンブル依存です。気がついたらゲーム機の前にいる、これがゲーム依存です。これは本人の意思や努力で何ともなるものではありません。一つの病気なのです。

さて、私はこのご逸話から、私たちが依存症の人に対しておたすけにかかる場合のヒントをいただきました。

まず大切なことは、教祖は決して本人を責めておられないということです。「娘が悪い」とは一言もおっしゃっていません。これがとても大切だと思います。

先ほども申しましたように、本人の意思や努力で治るものではありませんので、本人を責めても何にもなりません。教祖はむしろ、父親である昆布売りに対してお諭しをなさっています。「おまえが前生、同じことをしていたのや」と。

この視点の切り替えは、依存症に限らず不登校や非行などでも大切なことです。周囲はつい当事者のせいにしようとします。

「学校に行かないあなたが悪い」

「ゲーム機の前から離れないあなたが悪い」

「非行を繰り返すあなたが悪い」

実際、あなたが悪いという視点から離れない限り、目の前の問題は解決しにくいものです。そうではなく、こういう問題を見せてくれているあなたのおかげで大切なものが見えてきた、という視点を持たねばならないと思います。

ご逸話ではどうでしょう。父親は、娘を殺して自分も死のうとまで思い詰めます。しかし、教祖から「これは娘の問題ではありませんよ、あなたの問題ですよ」とお諭しをいただきました。父親の視点は娘の盗み癖を責める視点から、自分の内面を見つめる視点に変わりました。「親が前生にして置いた」というのは、これは教祖にしかわからないことです。私たちには真似できません。しかし、少なくとも娘を責める一方だった父親の視点が自分に向いたことは事実です。

考えてみると、この娘は3歳で母親に死に別れています。満年齢に直すと1～2歳です。母親の顔はまったく覚えていないでしょう。父親は溺愛《できあい》するあまり、蝶よ花よと育てますが、だんだん大きくなるにつれて、もう安心とばかり、姉に預けて家に帰らない日もあったと書いてあります。

いくら食べ物やおこづかいを与えていても、娘はさみしかったのではないでしょうか。心に満たされないものがたまってくると同時に、娘は問題行動を取るようになるのです。

「私を見てよ」「もっと関心を持ってよ」

という、無意識の心のつぶやきが聞こえてくるような気がします。

父親は、娘の問題行動から大切なものを再発見しました。娘だけの問題だったのが、自分を含めて周りの大人の問題だということに気づいたのでしょう。そして、そのことに気づいたことで娘は立派にご守護をいただくのです。

私たちが不登校や非行、依存症などの問題とかかわるときに、大変重要な心構えを教えてくれるご逸話だと思います。私はこのご逸話に、今もたすけていただきっぱなしです。

「逸話篇一五八　月のものはな、花やで」

なぜ女性を「不浄」としたのか

私はかつて、玉名市の男女共同参画審議会の会長を務めていたことがあります。最近やっと男女共同参画社会に対する理解が深まってきたとはいえ、まだまだ社会には女性に対する差別的制度や慣行が残っています。行政では、管理職の女性の割合に具体的な数値目標を立てて、半義務化するポジティブアクションや、女性の意識を変えていくエンパワーメントなどが行われていますが、なかなかいったん根付いた慣行を覆《くつがえ》すのは容易ではありません。

2007年1月、当時の厚労大臣が「女性は子どもを産む機械」とも受け取られかねない発言をして物議を醸しました。その後も、女性に対する差別的発言は、政治の世界でも後を絶ちません。まして、女性の人権など無いに等しい江戸時代に、女性である教祖がこの道をおつけになったということは、現代の感覚よりずっとすごいことだったと思います。

「何処《どこ》其処《そこ》で誰それという者でない。ほん何でもない百姓家の者、何にも知らん女一人。何でもない者や。それだめの教《おしえ》を説くという処の理を聞き分け。何処へ見に行ったでなし、何習《なろ》うたやなし、女の処入り込んで理を弘める処、よう聞き分けてくれ。」

（明治21・1・8　おさしづ）

と仰せになっています。

「何も特別に勉強した者ではありませんよ。何でも無い農家の、無知な女ですよ。その女が、この究極の教えを説いたのですよ。何かを見に行って見聞を広めて思いついたとか、何かを学習して悟りを得たとか、そういうのではありません。そういうただの女ひとりが、真実の教えを広めたのですよ」

と、このおさしづでは仰せくだされています。

このおさしづは、旬刻限の到来により、元のぢばで、魂のいんねんある教祖のお口を通して親神様が教えを説いたのだ、という直接顕現《けんげん》の啓示であるということをお示しいただいたおさしづですが、一面では、「女の処入り込んで」と仰せられるごとく、当時地位も立場もないなんでもない女性が道を啓《ひら》いたのだということを、特にお示しくださっているようにも感じられます。

女性問題、とまで仰々《ぎょう》しくはないのですが、教祖が女性であることに対して大らかにお諭しくださっているご逸話がありますので、味わってみたいと思います。

「逸話篇一五八　月のものはな、花やで」

ある時、教祖の御前に、山本利八が侍っていると、

「利八さん、外の方を見ておいで。」

と、仰せになった。その頃は、警察の取締まりの厳しい時であったから、それについての仰せと思い、気を付けて、辺りを見廻わったが、誰も居ない。それで、もどって来て、「神さん、何んにも変わりはありゃしません。向こうのあの畑には、南瓜《かぼちゃ》がなっています。この畑には、茄子《なす》が沢山出けました。」と申し上げると、教祖は、膝を打って、

「それそれ、あの南瓜や茄子を見たかえ。大きい実がなっているが、あれは、

花が咲くで実が出来るのやで。花が咲かずに実のなるものは、一つもありゃせんで。そこで、よう思案してみいや。女は不浄やと、世上で言うけれども、何も、不浄なことありゃせんで。男も女も、寸分違わぬ神の子や。女というものは、子を宿さにゃならん、一つの骨折りがあるで。女の月のものはな、花やで。花がのうて実がのろうか。よう、悟ってみいや。南瓜でも、大きな花が散れば、それぎりのものやで。むだ花というものは、何んにでもあるけれどな、花なしに実のるという事はないで。よう思案してみいや。何も不浄やないで。」

と、お教え下された。

このご逸話を読んだとき、私にはまた一つの小さな疑問が浮かびました。なぜ教祖はこんな話を、女性ではなく男性の山本利八先生になさったのだろうか、と。一見、男性には関係のない話のように思えますから。そういう差別観を持っている男性にお話をなさったという見方もできますが、差別観を持っているのは、実は男性だけでなく女性も同じでした。

「女は不浄やと、世上で言うけれども」と教祖も仰せになっているように、これが当時の常識でした。なぜ女性を「不浄」としたのかというと、「血」を「穢《けが》れ」とする考え方があったからです。つまり女性には生理があり、また出産でも出血する。ここから「穢れ」＝「不浄」となったのです。

この習慣は今でも一部残っていて、大相撲の土俵上は今でも女人禁制となっていますし、各地のお祭りなどに女人禁制の場は意外と多く残っています。世界遺産に登録された福岡県の沖の島は、島全体が宗像《むなかた》大社沖津宮の御神体で、今でも女人禁制の伝統を守っています。

「お産は女性の大厄《たいやく》」と申します。江戸時代当時、ある程度の家柄のお屋敷では、「産屋《うぶや》」という特別な産室をしつらえ、そこでお産をすることが許されました。しかし、一般的な貧しい家庭では、お産の際は座敷に入れてもらえず、土間にむしろを敷いて産屋を設け、俵《たわら》にもたれながら力綱という天井の梁《はり》からぶら下がった綱にしがみついて子どもを産んでいました。ただでさえ衛生状態の悪いなか、たくさんの女性が産褥《さんじょく》熱などの原因で命を失うという時代でした。

お産が終わっても30日前後の間（45日という地方もある）は、神聖なる場所であるお宮参りはおろか、座敷にさえ上がれないという風習もあったようです。

女は不浄。これが常識であり誰もそれを疑いませんでした。

では教祖は、なぜわざわざ男性である利八先生に、この話をお説き聞かせになったのでしょうか。

「常識」で「常識」を覆《くつがえ》す

私は、女性は不浄ではないというお話は女性にされてもよかったのではないかと思うのです。いや、むしろ女は不浄ではないというのは、当事者にこそ伝えるべきお話ではないでしょうか。

私はこう考えました。おそらく、教祖はこういう話を男性、女性を問わずなさっていたのではなかったか。

女性がこのお話を承《うけたまわ》ったとします。不浄だと言われ続けていた女性にとっては、女性であることの誇りを呼び覚ます、斬新なお話と受け止めたに違いありません。「月のものは花である」という明るいお諭しは、現代の女性にも心に響くものがあるようです。

私の知り合いの女性は、天理教を全く知らないにもかかわらず、このお言葉を

すごく気に入ったようで、

「なぜ女だけ毎月こんな憂鬱《ゆううつ》な思いをしなければならないのだろうと思っていたが、この天理教祖の言葉を聞いて胸が晴れたような気がする」

と語ってくれました。

ただし、当時の女性は教祖からこういうお話を承っても、人には積極的には話さないと思うのです。特に男性にはあまり話したがらないでしょう。じっと心の奥底に喜びをかみしめて、女性であることに誇りと自信を持つ。それが当時の女性の慎みなのではないでしょうか。

「私は不浄じゃありません。そう教祖がおっしゃいました」と胸を張って堂々と言って回ることは、当時の女性がやったとは、あまり思えないのです。

ところが、同じ話をご逸話に登場する山本利八先生が聞いたとします。

山本利八先生は山本利三郎先生のお父様です。明治6年に利三郎先生と共に入信されています。

ご存じの通り、ご逸話は可能な限り年代順に並べられています。これは「はしがき」にきちんと書かれています。また巻末には「年月日対照表」が付録されています。直前のご逸話が明治17年、直後のご逸話は明治18年ですから、このご逸話は明治17年から18年のご逸話ということになります。利八先生は、文政2年（1819）生まれ。ですからこの当時すでに65、6歳になっていました。当時としてはかなり年配、世間の常識が染みついた年代だったといえるでしょう。

そんな利八先生のお心にも、女性が不浄ではないというお話が強烈に印象に残りました。だからこそ、積極的に人に伝えました。こうしてご逸話として語り継がれることになったのではないでしょうか。

加えてもう一つ、特筆することは、この女が不浄ではないということを、自然科学をたとえにして説いておられるところだと思います。しかも利八先生に実際に見に行かせてからお話しくださっています。「膝を打って」という一語が、「よく気づきましたね」というお褒めの言葉に聞こえます。そして「それそれ、あの南瓜や茄子を見たかえ」というお言葉に続くのです。

カボチャの花には雄花・雌花があります。ナスの花にはおしべ・めしべがあります。花が咲くから実が実る。これは当時の農家にとっては、これまた「常識」のことです。

「花がのうて実がのろうか」——まさにその通りですね。教祖は、女性が差別されている社会の「常識」を覆すために、やはり同じく農業の「常識」をお使いになったのです。常識が常識を覆す。これほど説得力のあるお話もないでしょう。「男女言わん」「男女隔《へだ》て無い」「男女によらん」というおさしづがどれだけ多いか、調べてみたらわかります。親神様の常識は、ご逸話に出てくるとおり、「男も女も、寸分違わぬ神の子」なのです。

教祖にとっては、人間はみんな雌松雄松の隔てないかわいい我が子ですから、おそらく自然に子どもに言い聞かせるように、誰彼となく、このご逸話のようなお話をなさっていたのだろうと思います。教祖は、このお話を特にある意図を持って男性になさったのではなく、たまたま男性になさった逸話だけが、ご逸話として残ったのだと考えるのですが、いかがでしょう。

こうして私の小さな疑問が、また一つ解けたような気がしています。

一つの疑問から、こういう連想をしてみるのも、私にとっては実に楽しいことです。教祖の面影を偲び親心を感じるよすがとして、大切なご逸話ともなりうるのです。

「逸話篇一九八　どんな花でもな」

天理教の〝ここが嫌い〟ベストスリー

古い話で恐縮です。私は、かつて平成9年から10年にかけて親里で行われた「後継者講習会」に参加しました。20歳から40歳までの「道の後継者」が、年齢や立場を超えて教理を研修する行事で、平成19年から20年にかけて、また最近では平成29年から30年にかけても行われました。

当時としてはまだ珍しかったと思いますが、この講習会で少人数でのグループワークが行われました。私と同じ班には7～8人のメンバーがいました。私はすでに教会長でした。ある外食チェーン店の店長さんや会社員、教会後継者の奥さん、無職の若者などがおられたように記憶しています。

そのグループワークでの一コマです。確か「天理教のすばらしさ」について話し合うという内容だったと思います。司会者は置かず、メンバーの中の一人が司会を兼ねるものでした。教会長という立場からか、互選で進行を任された私は、「このままやっても面白くないな」と、やんちゃ心が湧いてきました。

というのも、「天理教のすばらしさ」について語ろう、などと話を振っても、とても本音まで行き着かず、きれい事しか出てこないと思ったのです。案の定、参加者は硬い表情のまま伏し目がちにしています。不機嫌そうに眉を寄せ、ため息をついている人もいました。

私はメンバーに、いきなりこういう提案をぶつけました。

「天理教のすばらしさ、というテーマは横に置いておきましょう。今日は『天理教のここが嫌いベストスリー』を決めませんか」

参加者はあっけにとられた表情で私を見ましたが、すぐ緩《ゆる》みました。

「いいんですか?」

「いいですとも」

それから思いもよらず、堰《せき》を切ったように全員がいろんなことを語り始めました。まあ、出るわ出るわ。日ごろの疑問や納得いかないことを次から次に語り出したのです。

「なぜ講習会に行かなきゃならないの？」と、朝出てくるときまで母親とケンカしていた人もいました。それでも「頼むから行ってちょうだい」と頭を下げられて、イヤイヤ来たんだと正直に打ち明けてくれました。みんなが不平不満を言い合う。その様子たるや「不足のオンパレード大会」でした。それを全部箇条書きにして、一つひとつ読み上げ、挙手をしてランキングを決めました。

第3位から発表します。

第3位は、「際限のないお尽くし」

私はこれが1位かなと思いましたが、意外に3位でした。

第2位は「何でも徳がない、いんねんが悪いと責められること」

そして栄えある第1位は「それが神様の思惑よ、と勝手に自分の行く道が決められること」

いかがでしょうか。

私はこの結果は、20年以上経った現在の若者に聞いても、それほど変わってはいないのではないかと思っています。

さて、大不足大会が終わり「天理教のここが嫌いベストスリー」が決まりました。講習会としては最低のねりあいです。しかし私がこういうことをけしかけたのは、同じ班になった仲間に対する信頼があったからです。「不足大会」のままでは終わらないという確信がありました。平日の二泊三日、外食産業の店長や会社員、アルバイターなどが仕事を休んで来ているのです。「心はある」――心がなければ誰が来るものですか。彼らは仕事を三日間も都合を付けて来ているのです。彼らは求めている。そう私は確信していました。

考えてもみてください。若者たちが「ここが嫌い」とリストアップしたものは、教理の大切な要点ばかりです。逆に言えばお道のすばらしいところばかりではないでしょうか。

不足に耳を傾けられた教祖

たとえば、かしもの・かりものの教理が心におさまるから、お尽くしができるのです。お尽くしをしなかったら、真の運命の立て替えはできないでしょう。

徳もいんねんも大切な教理です。いんねんの自覚をしつつ、徳を積むことを楽しみにしなかったら、真剣に道は通れません。

神様の思惑、これは言うまでもなくお道を通る上での確かな指針です。その大切な部分がすっきりとはわからない、もしくは納得いかないところがある。そしてその不足している自分自身が悔しくて仕方ないのです。

だからといって、納得のいく解答を与えてくれる人が周りにいない。親に聞いても会長さんに聞いても、「いいからお尽くしをしていれば、そのうちわかる」「お前はいんねんが悪いし徳もないから、仕方ない」「神様の思惑だから、文句言うな」などという言葉で頭ごなしに言われてしまう。

彼らが求めている答えは、もっと違うところにあります。もっときちんと向き合って欲しい。やるせない不満を聞いてほしい。そう訴えているのです。

彼らが「ここが嫌い」と言っていることは、実は「ここがすばらしい」に裏で繋《つな》がっている。お道のすばらしさを理解する突破口になり得る、と思ったのです。

このあと、私たちの班は深い話に入っていきました。つらい過去の体験を語り始める人もいました。そして嫌いだと言っていたことが、実は大切な教えの要点だということに気づいていったのです。中には自分のこれまでの通り越し方を涙ながらに反省する人もいました。

ねりあいが終わるころには、「もう一度、一から道を見つめ直してみる」と決意を述べる人、それに対して「がんばれ」と声を掛ける人、手を取り合って泣いている人などもいて、参加者たちは心から晴れ晴れとした表情で満たされていました。

前置きがたいへん長くなりました。ここで次のご逸話を拝読してみましょう。

「逸話篇一九八　どんな花でもな」

ある時、清水与之助、梅谷四郎兵衛、平野トラの三名が、教祖の御前《おんまえ》に集まって、各自の講社が思うようにいかぬことを語り合《お》うていると、教祖は、

「どんな花でもな、咲く年もあれば、咲かぬ年もあるで。一年咲かんでも、又、年が変われば咲くでで。」

と、お聞かせ下されて、お慰め下された、という。

登場される清水与之助先生は兵神大教会の初代会長さんです。梅谷四郎兵衛先生は船場大教会の初代会長。平野トラ先生は郡山大教会の初代会長の奥様です。

こういう、現在では大きな教会になっているところでも、草創期には「思うようにいかぬ」ということもあったのです。年代ははっきりしませんが、掲載の順番から明治19年と仮定すると、清水与之助先生が一番年上で44歳。梅谷四郎兵衛先生39歳。平野トラ先生は32歳。清水先生以外は、まさに現在の後継者講習会の対象年齢でした。

そして三人の先生方は額を寄せ合って、教祖の前で「語り合うて」おられました。不足めいたことも口の端《はし》に上ったのではないでしょうか。それに対して教祖はなんとおっしゃったか。

「どんな花でもな、咲く年もあれば、咲かぬ年もあるで。一年咲かんでも、又、年が変われば咲くで。」

教祖は、相手を責めることはなさいませんでした。ここが悪いからこうなった、とかお前のこういうところがいけないのだとかは、おっしゃっていません。それどころか、「思うようにいかぬ」という不足めいた言葉もおとがめになっていないのです。

私たちが不足を口にするとき、ほとんどの場合、本当に不平不満を思って心を腐らせているかというと、そうではないですね。実は誰が悪いのかなど最初からわかっている場合が多い。そう、本当は自分が悪いのです。それはわかっているのです。しかし誰かに聞いて欲しい。わかって欲しい。そう思ってつい不足を言ってしまう場合が多いと思います。

このご逸話の場面も似たような状況ではなかったのでしょうか。そして教祖はそれをわかっておられたのだと思います。

そもそも、このご逸話には悪者が出てきません。思うようにいかぬ原因を指摘し説諭しようとはなさっていません。他ならぬ教祖がお諭しをされ不足をとがめられたら、誰もが素直に聞いたでしょう。しかし教祖は、その姿を毎年咲き続ける花木にたとえられています。今はつらいように見えるけれども、冬来たりなば春遠からじ。年が変わったら咲くじゃないか。そう励ましておられるのです。

相手を何とかして勇ませようという教祖の御態度、これこそが子どもの心をよくご理解いただいている「親」なればこその親心でしょう。

他にもたとえば、こういうお言葉も逸話篇に出て参ります。

「狭いのが楽しみやで。小さいからというて不足にしてはいかん。小さいものから理が積もって大きいなるのや。松の木でも、小さい時があるのやで。小さいのを楽しんでくれ。末で大きい芽が吹くで。」　（逸話篇一四二　狭いのが楽しみ）

現在でもこのご逸話に心を励まされて道を通っている人は多いと思います。誰かの不足を聞いたら、頭ごなしに叱るのではなく、一度耳を傾けて、励ましてみてください。本当の解決が、きっとそこから見つかると思います。

「逸話篇三九　もっと結構」

子どもの盗難事件から

誰しも、物を無くした経験をお持ちだと思います。思い出の品物やお気に入りの品物、誰かにもらった品物など、大切な物を無くしたときほど落胆は大きいものです。それが「盗られた」となると、落胆を通り越して怒りに変わります。

私の娘が高校生の時、制服のセーラー服を盗まれたことがあります。外部の犯行か内部の犯行かもわからずじまい。犯人はとうとう見つかりませんでした。

娘は中学時代はずっと近所の方のお下がりのセーラー服で学校に通いました。高校に入学して、初めて親から買ってもらったセーラー服でした。よほどうれしかったのでしょう。買ったその日は、枕元に置いて寝ていました。それを入学してわずか2カ月で盗られてしまったのでした。

ガッカリして肩を落とす娘に、私は掛ける言葉を失いました。かといってすぐに新しい物を買い与えることもできず、次の日は体操服で学校に送り出しました。ちょうどそのとき、高校に教育実習生が来ていました。そして自分が高校の時に着ていた制服を、誰かに着てもらおうと持ってきてくださっていたのでした。渡りに船、とはこのことです。娘は幸運にもそのセーラー服をいただいて、着ていくようになりました。

最初は盗った人に対して恨み節を言っていた娘も、落ち着いてくると冷静にものごとが見えるようになってきたようです。そして私に、下を向いてぽつりと、

「またお下がりだね」

と言ったのです。娘の気持ちは痛いほどわかりました。私も学生のころ同じような育てられ方をしましたから。

さて、盗難といえば、逸話篇の中にもこんなご逸話があります。

「逸話篇三九　もっと結構」

明治七年のこと。西浦弥平の長男楢蔵《ならぞう》（註、当時二才）が、ジフテリアにかかり、医者も匙《さじ》を投げて、もう駄目だ、と言うている時に、同村の村田幸四郎の母こよ

から、にをいがかかった。

お屋敷へお願いしたところ、早速、お屋敷から仲田儀三郎が、おたすけに来てくれ、ふしぎなたすけを頂いた。

弥平は、早速、楢蔵をつれてお礼詣《まい》りをし、その後、熱心に信心をつづけていた。

ある日のこと、お屋敷からもどって、夜遅く就寝したところ、夜中に、床下でコトコトと音がする。「これは怪《あや》しい。」と思って、そっと起きてのぞいてみると、一人の男が、「アッ」と言って、闇の中へ逃げてしまった。後には、大切な品々を包んだ大風呂敷が残っていた。

弥平は、大層喜んで、その翌朝早速、お詣《まい》りして、「お蔭で、結講でございました。」と、教祖に心からお礼申し上げた。すると、教祖は、

「ほしい人にもろてもろたら、もっと結構やないか。」

と、仰せになった。弥平は、そのお言葉に深い感銘を覚えた、という。

この西浦弥平先生のご逸話は、いわゆる「オチ」の部分が少し衝撃的です。ど

んでん返しの結論と言っても良いでしょう。

ふつう読者は「お蔭で、結構でございました」と「心からお礼を申し上げた」弥平先生に対して、「盗られなくてよかったな。神様のお蔭やで」とお答えになることを期待してご逸話を読み進める。しかし、思いがけずも教祖は「ほしい人にもろてもろたら、もっと結構やないか」と、期待を裏切るお答えをなさるのです。

私は教会長です。もし信者さんの家に泥棒が入って、同じようなことが起こったとき、何と言うでしょうか。「ほしい人にもろてもろたら、もっと結構やないか」と言える自信はまったくありません。おそらく私は、「ホントに盗られなくてよかったね」「神様のおかげだね」と言うでしょう。そして、その信者さんが喜ぶ姿を見るだけで満足してしまうと思います。

「ほしい人にもろてもろたら、もっと結構やないか」この教祖のお答えに発想の転換というか、考え方のコツのようなものを感じて驚かされてしまうのです。その驚きの部分で弥平先生と共感するから、私たちの心に強く印象として残るのでしょう。

さて、私たちがつい口に出してしまいそうな「盗られなくてよかったね」という答えは間違っているのでしょうか。教祖の答えとどこがどう違うのでしょうか。

教祖のお答えには悪者がいない

この二つの答えの違いをもっと詳しく見ていくことにします。

皆さま、お気づきでしょうか。私たちがつい言ってしまいそうな「盗られなくてよかったね」という答えの裏には、実は大きな不足が隠れている。何に対する不足か？　それは盗人に対する不足です。

「はい。おかげで盗られずにすみました。ありがとうございました。しかしけしからんヤツですなあ。人のものを盗ろうなんて……」

つまり盗人という悪者から守られた喜びです。もちろん盗み自体は悪いことなのですが、結果として誰かが悪者になってしまうのですね。その点、教祖のお答えには悪者がいないのです。

「ほしい人にもろてもろたら、もっと結構やないか。」というお答えの中には「ほしい人」と「もらってもらう人」がいますが、どっちも悪者ではありません。その上、このお答えの奥にはもっと大きな世界観が広がっていることに気づきます。

「おまえが自分のものだと思っている財産。本当におまえのものか、考えてみなさい」

ということをおっしゃっているように思えます。この世のすべてのものは神様からの「かりもの」です。いかに世界一の大金持ち、ビル・ゲイツであろうとも、出直したら1ドル紙幣1枚、来世に持って行くことはできません。自分の身体のみならず財産までもが、実は自分のものではなく神様からお借りしているものであるという事実、これは深い信仰がなくては悟ることができません。

さらにもう一つ、このお答えの中に、私が気づいて驚いたことがあります。

もし弥平先生が夜中に目が覚めずに盗人に財産を盗られてしまったとします。がっかりして教祖にご報告をなさる弥平先生を想像してください。教祖は何と仰せになると思いますか？

答えは当然同じです。やはり「ほしい人にもろてもろて、結構やったな」と仰せになるのではないでしょうか。教祖のひながたのすごいところは、こういうところです。相手に迎合《げいごう》して答えをお変えになるようなことはありません。どういう結果であろうとも答えは同じ。ブレがないのです。

それは、答えが同じ源《みなもと》から発せられているからです。この世と人間をおはじめくだされた元の親、親神様。その親神様が入り込んでおられる地上の月日、教祖。ここから発せられるお答えだからブレようがないのです。

ここに二人の兄弟がいるとします。お兄ちゃんは良い身なりをして、手にたくさんのお菓子を抱えている。満足げに美味しそうに食べている。かたや弟は薄汚れた身なりで物欲しそうに指をくわえて見ている。

弟はつい出来心で、兄が寝ている隙にお菓子に手を出して食べようとしました。兄は目を覚まして「こら！」と叫びました。弟は驚いて手を引っ込めて逃げていきました。母親は言います。

「ちょっと、お兄ちゃん、弟に少しあげたらいいのに」

これが母親としての当然の思いでしょう。

盗みを働かなくてはならないほどつらい人生を送っている子どもがいる。かたや盗られなくてよかったと、無邪気に喜んでいる子どもがいる。両方とも紛《まぎ》れもなくかわいい教祖の子どもなのです。

この子どもかわいい、言葉に尽くせないほどのご慈愛が、自然に教祖のお口からこぼれ出ます。

「ほしい人にもろてもろたら、もっと結構やないか」

そこには発想の転換などありません。あるのは当然すぎるくらいの親心の表れなのです。「弥平は、そのお言葉に深い感銘を覚えた」とあります。この「感銘」には難しい理屈は感じられません。弥平先生は、教祖の慈《いつく》しみ深い親心の一番奥に触れられたのです。限りなく大らかな、あまりに無条件な親心に圧倒されたのではないでしょうか。

話は元に戻ります。セーラー服を盗られた娘の場面です。

「やっぱりお下がりだね」と寂しそうにつぶやく娘。

「ほしい人にもろてもろたから、結構やったな。」

と格好良く言えたら良かったのですが、私には言えませんでした。まだまだ成人の鈍い私の心は、教祖の深い親心には届きません。しかし、盗った人を悪く言うのはやめたいと思いました。好きで盗みを働く人はいないと信じたかったのです。そこで私の口を突いて出た言葉は、

「そうだね。やっぱりお下がりだね。でもセーラー服もらえて良かったね。どうだ？　これで人様の真実がわかっただろ？」

でした。

この答えが正解だったのかはいまだに自信がありません。しかしその言葉を聞いた娘はハッと顔を上げて、

「うん」

とうれしそうに返事をしたのでした。

「逸話篇一一四　よう苦労して来た」

盗難の話――泉田藤吉先生の場合

盗難をめぐるご逸話がもう一つあります。今回は、泉田藤吉先生が主人公です。一つ前のご逸話で私は「教祖のお言葉にはブレがない」と書きました。誰に対するお言葉も温かい母親のお心から出ているからブレないのだと。

でも、西浦弥平先生に掛けられたお言葉と藤吉先生に掛けられたお言葉は、同じ泥棒さんから守られた時にくだされたお言葉でも、少し違っているのです。

「逸話篇一一四　よう苦労して来た」

泉田藤吉は、ある時、十三峠で、三人の追剥《おいはぎ》に出遭《でお》うた。その時、頭にひらめいたのは、かねてからお仕込み頂いているかしもの・かりものの理であった。それで、言われるままに、羽織も着物も皆脱いで、財布までその上に載せて、大地に正座して、「どうぞ、お持ちかえり下さい。」と言って、頭を上げると、三人の追剝は、影も形もない。

余りの素直さに、薄気味悪くなって、一物《もつ》も取らずに行き過ぎてしもうたのであった。そこで、泉田は、又、着物を着て、おぢばへ到着し、教祖にお目通りすると、教祖は、

「よう苦労して来た。内々折り合うたから、あしきはらひのさづけを渡す。受け取れ。」

と、仰せになって、結構なさづけの理をお渡し下された。

すごいですね。藤吉先生は、泥棒どころか追いはぎから襲われたわけです。最初から顔を合わせて、お金や物を強奪しようとするわけですから泥棒よりもっと危険です。窃盗罪と強盗罪の違いです。

こういう危険な目に遭われた藤吉先生は、闘うわけでもなく、逃げるわけでもなく、また怯《おび》えるわけでもなく、淡々と服を脱ぎ、その上に持ち物を置いて土下座し、「どうぞ、お持ちかえり下さい」とおっしゃったのです。

そもそも藤吉先生は、ひ弱な人ではありません。小さいころからわんぱくで、青年時代はそうとうなやんちゃだったようです。西国札所巡礼の案内人を兼ねて、巡礼者の用心棒などもなさっていたことがあります。一日二升の酒を飲むほど酒豪で、身体も大柄でした。いつも天秤棒で蒸し芋を売って歩いておられましたから、体力も相当なもの。瓦10枚を素手で割るくらいは朝飯前だったといいます。

その見るからに強そうな藤吉先生が、追いはぎに土下座されたのです。そして、無事におぢばにお帰りになった藤吉先生に、教祖はお言葉を掛けられました。「よう苦労して来た。内々折り合うたから、あしきはらひのさづけを渡す。受け取れ」と。西浦弥平先生に掛けられたお言葉は、「ほしい人にもろてもろたら、もっと結構やないか」(逸話篇三九　もっと結構)。

いかがでしょう。藤吉先生にも「ほしい人にもろてもろたら、もっと結構やないか」と仰せになればいいのに、今回は違うのです。

なぜ二つのご逸話で教祖のお言葉が違うのか

この違いは何なのでしょう?　私はこの違いに大変興味を覚えました。

さて、藤吉先生と西浦弥平先生は、偶然にも同じ明治7年の入信です。先の西浦弥平先生のご逸話は、他の明治7年の逸話と並んで出てきますから、入信からさほどたっていない時のご逸話だと拝察されます。「泥棒から盗られなくてよかった」と思われた弥平先生の心も、入信後間もないことを思えば当たり前のことだったでしょう。

ところが、この藤吉先生の逸話はいつのことでしょう。ご逸話には、「ある時」としか書いてありません。しかし、ご逸話が年代順に並んでいる、というヒントから明治15年ごろであったと推察されます。入信後7～8年たったころでした。

さて、藤吉先生は入信からの7～8年間、どのような道をお通りになったのでしょうか。この間の何ともすごい逸話が残っています。「逸話篇六四　やんわり伸ばしたら」に出てくるのですが、ちょっと抜粋します。

「厳寒の深夜、淀川に出て一《い》っ刻《とき》（約二時間）程も水に浸《つ》かり、堤《つつみ》に上がって身体を乾かすのに、手拭を使っては功能がないと、身体が自然に乾くまで風に吹かれていた。水に浸かっている間は左程でもないが、水から出て寒い北風に吹かれ

「逸話篇一一四　よう苦労して来た」

て身体を乾かす時は、身を切られるように痛かった。が、我慢して三十日間程これを続けた。」

（逸話篇六四　やんわり伸ばしたら）

おたすけのために、何でも苦労せねばならないと思われての行動ですが、ちょっと想像してください。厳寒の深夜の川に浸かることすら容易ではないのに、川の中にいる時はさほどでもなかった、というのです。風に吹かれている時は「痛かった」というのです。常人では考えられない逸話です。

このご逸話は明治11年～12年ごろです。すなわち入信4～5年目です。

このとき、教祖からあるお言葉をいただいておられます。

「こういう頃のある日、おぢばへ帰って、教祖にお目にかからせて頂くと、教祖は、

『熊吉さん、この道は、身体を苦しめて通るのやないで。』

と、お言葉を下された。親心溢れるお言葉に、泉田は、かりものの身上の貴《とうと》さを、身に沁みて納得させて頂いた。」

（逸話篇六四　やんわり伸ばしたら）

熊吉さんとは、藤吉先生の当時の呼び名です。

この逸話からもわかるとおり、藤吉先生の入信してからの通り方はまさにたすけ一条の毎日でした。おたすけの話が舞い込むと、すぐに水垢離《みずごり》を取りおたすけに行かれました。こういう体験をたくさん積み重ねられて、藤吉先生にはかしもの・かりもののご教理が身にしみておわかりになっていたと思います。このおたすけによって高められた信仰信念が、追いはぎに出会った時の行動につながっていると思うのです。

おそらく藤吉先生は、追いはぎに襲われた瞬間、闘うことや逃げることを思い浮かべるより早く、かしもの・かりもののご教理を思い出されたのだと思います。この身体も親神様からの借り物であるし、着物もお金も親神様からのお与えもので借り物であるということが十分おわかりになっていたのです。そして、お返しする時が来たのだ、と正座してすべてを差し出されたのでしょう。

私は、盗られなくてよかった、と喜ばれた入信後間もない西浦弥平先生のご逸話と、ちょっと状況が違うという気がしました。だからこそ、教祖のお言葉が、この二つのご逸話で違っている。もし、藤吉先生が闘ったり逃げたりなさっていたら、それは財産を盗られるのが惜しい、ということではないでしょうか。でも藤吉先生は、かしもの・かりものの理がわかっておられたから「お返しする時が来た」と思われたのです。

教祖の前で、「追いはぎに盗られなくてよかった」と少しでも思われていたら、教祖は「ほしい人にもろてもろたら、もっと結構やないか。」と仰せになっていたと思います。この点ではまさにブレはないと思うのです。

そしてここまでの藤吉先生の成人を見届けられた教祖は、「内々折り合うた」として「あしきはらひのさづけ」をお渡しになったのでしょう。

この「内々折り合うた」に対する解釈はいろいろあるでしょう。これまでもいろんな先生が自説を聞かせてくださいました。

私はこの「折り合うた」は、「かしもの・かりもの」の教えを「わかる」ことと「実行する」こと、この二つが「折り合うた」つまり一致した、ということだと思っています。この場合の「わかる」とは「頭でわかる」というレベルに止《とど》まらず「心でわかる」ということです。「感じる」と言い換えてもいいかもしれません。頭でわかっただけでは、場合によっては命をも狙う追いはぎに、丸裸で土下座するなどという行動は取れません。

しかしそうは言っても「感じる」ということと「即座に行動にうつす」ということには、やはり階段が一段あると思うのです。この階段を踏み越えること、それが「内々折り合うた」ということだと思っています。

教祖はそれを藤吉先生に実体験させられました。「感じる」ことと「実行する」ことが一致した時の喜び、これを味わわせたかったのだと思うのです。そして教祖がご用意してくださったご褒美は、まぎれもない、たすけ一条の道を通られている藤吉先生が一番いただきたかった「おさづけの理」でした。

人をたすける日々を死にものぐるいでお通りになっていた藤吉先生の、感動で震えるお姿を想像するとき、私も頭でわかったことをしっかり実行に移したいと、心から思います。私たちがいただいている「おさづけの理」は、藤吉先生がいただかれた「あしきはらひのさづけ」と、何ら違いはありません。ありがたいことだと思います。

つとめ場所のふしんをめぐって

登場人物の年齢を知ることで

私たちは、自分では気づいていないように見えて、けっこう年齢を気にして生活しています。たとえば、年上だと思っておしゃべりしていた相手が自分より年下だったとわかると、その拍子に相手の言葉の重みにまで違いを感じたりします。また言葉遣いも、急に気さくになったりします。

どんなに相手の意見がおかしいと感じても、年上には一定の配慮をしてものを言いますし、良いことを言っている相手が自分より年下だと、簡単には賛同の言葉を出さない、といった場面もあるでしょう。

私が教祖伝を勉強する際にも、登場人物の年齢はとても大切な要素です。皆様もそうでしょうが、私たちはお写真から先人の先生方は貫禄ある年格好のイメージしかありません。先生方の若い頃はまだ写真技術が珍しく、残っているお写真は写真が広く普及してからのものですから、ほとんどが老人なのです。たとえば山中忠七先生のイメージは、口元に長いヒゲをたくわえた老先生ですし、高井猶吉先生も貫禄のあるご老人です。しかし、当然のことながら若いときがあったのです。

私は、高弟の先生方の数々のエピソードを、できるだけ当時の年齢を調べながら読むことにしております。そのために、コンピューターのエクセルというソフトで、教祖伝に登場されるすべての先生方の年齢早見表を作っています。寛政年間から昭和まで、元号と年をたどればその先生の実年齢がわかるという仕組みにしています。

これをやりますと、教祖伝の重要な場面のイメージが変わることがあります。

この日伊蔵から、家内の身上の煩《わずら》いを救けて頂いたお礼に、お社《やしろ》なりと造って納めたいと存じます。と、取次を通して申上げた処、教祖は、

「社はいらぬ。小さいものでも建てかけ。」

と、仰せられた。

どれ程の大きさのものを、建てさして頂きましょうか。と、伺うと、

「一坪四方のもの建てるのやで、一坪四方のもの建家《たちゃ》ではない。」

と、仰せられ、更に、

「つぎ足しは心次第。」

と、お言葉があった。次いで、秀司が、どこへ建てさして頂きましょうか。と、
伺うと、

「米倉と綿倉とを取りのけて、そのあとへ建てるのや。」

と、仰せられ、つづいて、

「これから話しかけたら、出来るまで話するで。」

と、お言葉があった。

この時、居合わせた人々は、相談の上、三間半に六間のものを建てさして頂こうと心を定め、山中忠七、費用引き受けます。飯降伊蔵、手間引き受けます。辻忠作、瓦。仲田佐右衛門、畳六枚。西田伊三郎、畳八枚。それぞれ上げさして頂きます。と、話合いが出来た。

これは教祖伝第四章「つとめ場所」に出てくる有名なくだりです。元治元年、飯降伊蔵先生が入信され、そのお礼にお社の献納を思いつかれました。そして、教祖のご意向をお伺いして、つとめ場所のふしんにかかられたわけです。本教最初の神殿ふしんと言われています。

さて、ここに登場される先人の先生方の年齢を見て参りましょう。果たして元治元年当時の実年齢は何歳でしょう。年齢は満年齢です。

一番年上が西田伊三郎先生で、38歳。

次いで順番に、山中忠七先生、37歳。／仲田佐右衛門（儀三郎）先生、33歳。

飯降伊蔵先生、31歳。／辻忠作先生に至っては、28歳。

何と、ここに出てくる先生方全員が、現在で言うところの「青年会員」なのです。これには正直驚きました。私は、本教最初の神殿ふしんであるつとめ場所のふしんは、財力もかなりあった年配者が相談して掛かられたような印象を持っていましたが、実は30代を中心とした若い力によって成し遂げられていたのです。

つとめ場所のふしんは若者の志で始まった

「いや、この当時は人生50年だったから、30代といえども若くない」という反論が聞こえてきそうです。確かに日本人の平均寿命が50歳を越えたのは男女とも1947年。昭和22年のことでした。元治時代の平均寿命の確かな統計はありません。でも間違いなく当時の平均寿命は50歳以下です。では当時の30代は人生の終わりに近かったのでしょうか。30代は老人だったのでしょうか。

「平均寿命」は、お亡くなりになる方の平均の年齢ではありません。零歳児の「平均余命《よめい》」のことを言います。それぞれの年代の人が平均してあと何年生きられるか、という数値が平均余命です。そして、生まれたばかりの赤ちゃんがあと何年生きられるか、という数値が「平均寿命」なのです。

昔の日本人の平均寿命を押し下げていたのは、現代よりも猛烈に高い乳幼児の死亡率でした。何もすべての人が50歳で亡くなっていたわけではないのです。長生きする人は70数歳まで普通に生きていたようです。その証拠に、登場される先生方の出直し年齢を見てみます。

西田伊三郎先生、68歳。／山中忠七先生、75歳。／仲田儀三郎先生はちょっと若くて、55歳。／飯降伊蔵先生、74歳。／辻忠作先生、69歳。

超高齢化社会である現代と比べると少し若いですが、それでもみんな50年以上生きておられます。今の30代と直接比較はできませんが、やはりふしんの中心となった30代は、当時としても若い世代だったと言えると思います。

おそらく、当時信仰についていた人々の中には年配の方もおられたと思います。同じく教祖伝第三章にこう書かれています。

「元治元年の春から、教祖は、熱心に信心する人々に、扇のさづけを渡された。これを頂いた者は、五、六十人あったが、……」

つまり扇のさづけを渡された人だけでも50～60人おられたのです。それがすべて30代以下だったとは思えません。きっと年配の方もおられたことでしょう。しかし、つとめ場所のふしんは、報恩の志に燃えた若い世代が中心となって進められたわけです。

かたや中山家の方々の年齢は、

教祖……66歳。／秀司先生……43歳。／こかん様……27歳。

このつとめ場所のふしんの後、大和《おやまと》神社の一件が起こります。教祖が「神前を通るときは拝をして通るように」と仰せられ、大和神社の前で太鼓や鳴り物を鳴らしておつとめをしたという事件です。この事件のあと、

「まだ日の浅い信者の中には、このふしから、不安を感じて落伍する者も出て、そのため、折角出来かかっていた講社も、一時はぱったりと止まった。」

（教祖伝第四章）

と教祖伝には書かれています。さらに、

「十二月二十六日、納めのつとめを済まして、飯降伊蔵が櫟本村へ戻る時、秀司は、お前が去《い》んで了《しま》うと、後は何《ど》うする事も出来ん。と、言うた処、伊蔵は、直ぐ又引返して来ますから。と、答えた。」

（同）

と書かれています。43歳の秀司先生が31歳の伊蔵先生に「お前が去んで了うと、後は何うする事も出来ん。」とおっしゃったわけです。入信してわずか半年の、31歳の若い伊蔵先生が、これほどの信頼を秀司先生からいただいておられるのです。

こうしてみると、つとめ場所のふしんのイメージが、なんだか変わって見えてきませんか。

助造事件の同行者

もう一つ。ある事件を通して、関係者の年齢を見ていきましょう。

それは、針ヶ別所村の助造事件です。まずは概略を教祖伝から引用します。


同年（慶応元年）七、八月頃、福住村へ道がつき、多くの人々が相次いで参詣して来た中に、針ケ別所村の助造という者があった。眼病を救けられ、初めの間は熱心に参詣して来たが、やがて、お屋敷へ帰るのをぷっつりとやめて了《しま》ったばかりではなく、針ケ別所村が本地《ほんち》で、庄屋敷村は垂迹《すいじゃく》である。と、言い出した。

教祖は、九月二十日頃から少しも食事を召し上らず、

「水さえ飲んでいれば、痩せもせぬ。弱りもせぬ。」

と、仰せられて、一寸も御飯を召し上らない。人々が心配して、度々おすすめ申上げた処、少々の味醂と野菜をお上りになった。こうして約三十日間の断食の後、十月二十日頃、急に針ケ別所村へ出張る旨を仰せ出され、飯降伊蔵、山中忠七、西田伊三郎、岡本重治郎を供《とも》として、午後九時頃、針ケ別所村の宿屋へ到着されれ

た。

翌朝、教祖は、飯降、山中の両名に、

「取り払《はろ》うて来い。」

と、仰せられた。早速、二人は助造宅の奥座敷へ乗り込み、祀《まつ》ってあった御幣《ごへい》を抜いて二つにへし折り、竈《かまど》に抛《ほう》り込んで燃やして了った。

宿へ戻って、ただ今取り払うて参りました。と、申上げ、これで、もう帰ったらどうやろなあ。と、二人で話し合うていると、教祖は、

「帰《い》ぬのやない。」

と、仰せられた。

助造の方でも、直ぐには帰んでもらう訳にはゆかぬ。と、言い出し、かれこれしている中《うち》に、奈良からは、金剛院が乗り物でやって来る。こちらも、守屋筑前守の代理として山澤良治郎が到着する。いよいよ談判が始まった。

しかし、いかに言い曲げようとも、理非曲直は自ら明らかである。助造が教祖に救けられた事は事実である。彼の忘恩は些《いささ》かも弁護の余地が無いのみならず、針ケ別所村を本地《ほんち》とする説の如きは、教祖を前にしては、到底主張し了《おお》せるもの

ではない。三日目になってとうとう道理に詰って了《しま》い、助造も金剛院も、平身低頭して非を謝した。落着迄に七日程掛った。

お帰りに際し、助造は、土産として、天保銭一貫目、くぬぎ炭一駄《だ》と、鋳物《いもの》の燈籠一対あった中の一つとを、人足を拵えてお屋敷迄届けた。（教祖伝第四章）

さっそく関係者の年齢を見ていきます。お屋敷から出張した一行は、
教祖……67歳
岡本重治郎……43歳／西田伊三郎……39歳／山中忠七……38歳
飯降伊蔵……32歳
針ヶ別所の方は、
今井助造……34歳
あとで守屋筑前守の代理で駆けつけたのは、山澤良治郎……34歳
なんと登場人物の若いこと。
一行五人のうち、「取り払うて来い。」と命を受けたのは、飯降、山中の二名でした。四名のうち、なぜこの二名なのかは、いろいろ考え方があると思います。

ただ、年齢に限って見てみると、若い方から二名に御命が下されている、ということになります。

もちろんこれだけが理由であるとは私も思っていません。しかし、年齢というものさしを重ね合わせると違った見方ができるようになり、景色が少し変わる、ということを言いたかったのです。

「逸話篇一八一　教祖の茶碗」

「もったいない」の意味とは？

教祖のご逸話には、今でいう「エコロジー」に通じるものがたくさんあります。「逸話篇四五　心の皺を」「同六四　やんわり伸ばしたら」「同一一二　一に愛想」「同一二四　鉋屑の紐」「同一三八　物は大切に」などです。

かつてワンガリ・マータイさんが「モッタイナイ」という言葉を世界共通語にしよう、と言って話題になりました。２００５年のことです。ワンガリ・マータイさんは環境分野の活動家で、ケニアの出身です。アフリカ人女性として初のノーベル平和賞を受賞しました。

この「モッタイナイ」という言葉のどこにマータイさんは感銘したのでしょうか。それは単に「節約」とか「節制」の意味だけではありません。日本語の「もったいない」が含んでいる意味は、その程度の意味ではないことを知って、あえて翻訳せずに「モッタイナイ」を世界共通語にしようと提言されたのです。日本語の「もったいない」とは「勿体ない」です。「勿体」とは「重要な部分」「本質的なもの」という意味です。そのものの価値、言い換えれば「命」と言えるかもしれません。紙には紙の命があり、木には木の命がある。「もったいない」とはその命を尊び、最後まで無駄にせず活かしきる態度です。「そんなことをしたら、そのものの命が無くなってしまうじゃないか」これが「もったいない」です。

こういう考え方は日本文化が土壌となっているので、外国語には翻訳できません。その意味を知るには日本人のものの考え方を知らねばならないのです。まして私たちは「すべてのものは親神様からのお与えである」と教えていただいているわけです。なおさらものを活かしきること、お与えを活かしきることを日常の生活に活かさねばなりません。

そして私は、次に挙げる「逸話篇一八一　教祖の茶碗」ほど、徹底した「もったいない」の精神をお伝えになっているご逸話はないと思っているのです。

「逸話篇一八一　教祖の茶碗」

「教祖のお使いになった茶碗の中には、欠けたのを接いだのがあった。私は、茶碗を見た。模様ものの普通の茶碗に、錦手《にしきで》の瀬戸物で接いであった。これは、本部の宝や。これを見たら、後の者は贅沢出来ん。お皿でも、教祖のお使いになったものの中には、接いだものがあった。」と。これは、梶本楢治郎の懐旧談である。

「焼き接ぎ屋」を調べる

このご逸話を読んだとき、正直言って「瀬戸物で接ぐ」という意味がわかりませんでした。そこでちょっと調べてみたのです。

江戸時代には「焼き接ぎ屋」という、割れた瀬戸物を元通りに接ぐ職業がありました。まず割れた茶碗の断面に白玉粉を塗りつけます。この白玉粉はもち米の粉のことではなく、釉薬《ゆうやく》にも使われる鉛ガラスの粉末のことです。これを割れた瀬戸物の接合面に塗りつけて元通りにくっつけた後、コンロ・七輪などの熱源で焼きます。すると、ガラス質の成分の粉が融《と》けてくっつくというものでした。

焼き接ぎ屋は、天秤棒の片方に火を熾《おこ》した七輪、もう片方に道具やふのり、白玉粉などを入れて担ぎ、「焼き接ぎ〜ぃ、焼き接ぎ〜ぃ」と言いながら町内を歩き、声がかかるとその家の軒先を借りて作業を始めたそうです。

面白いのは、焼き接ぎをした職人が焼き接ぎの所にサインをすることがあるというのです。わざわざ赤い絵の具で屋号や名前、記号などを入れるのです。

この焼き接ぎの技術が発明されたのは、教祖がお生まれになった寛政年間だったということです。それまでは接着に漆を使っていたそうです。

ちなみにこのころ、日本の磁器は海外にも輸出されていて、江戸後期にはすでに国内の庶民レベルでもたくさんの磁器が流通していました。それでも焼き接ぎ屋は職業として成り立っていたのです。いかに日本人がものを大切にしてきた民族かということがうかがえます。

このほかにも、江戸時代は世界中どこを探してもないほどのリサイクル社会だったようです。たとえば紙。和紙はコウゾ、ミツマタといった草木の繊維でできています。現代のパルプと違って繊維が長いですから、容易に漉《す》き直して再利用ができました。また、和服はすべて直線断ちですから、糸を解《ほど》いて仕立て直せば何度でもリユースできました。

「焼き接ぎ屋　夫婦喧嘩の門に立ち」という川柳があります。焼き接ぎ屋が夫婦げんかをしている家の前に立っていて、様子をうかがっている。喧嘩が激しくなると、そのうちお皿や茶碗が飛び交うようになる。喧嘩が収まった頃合いを見計らって「焼き接ぎ～ぃ」と声をかける。

「番町《ばんちょう》の古井戸で呼ぶ焼き接ぎ屋」これはわかりますか？　ピンと来る人は古典芸能に造詣の深い人ですね。焼き接ぎ屋を呼んでいるのは番町のお菊さん。そう、ご存じ「番町皿屋敷」のストーリーをもじっています。ご主人の大切なお皿を割ってしまって手討ちにされたお菊の幽霊が焼き接ぎ屋を呼ぶ、という川柳です。

こういう川柳が残っていることから、焼き接ぎは江戸時代から明治の初期にかけて、普通に生活の一部として定着していたことがわかります。

閑話休題。

私がかつてこのお話を『陽気』誌に掲載した折、御本部でもお立場のある、ある先生から一本のお電話を頂戴しました。内心、まずいことを書いたかな、怒られるのかな、と思いましたが、待ち合わせ場所でお待ちになっていた先生は、手に焼き接ぎした磁器をいくつもお持ちになっていました。

「君、焼き接ぎを見たことないと書いていたね。見せてあげよう」

私は夢中になって、初めて見る焼き接ぎされた磁器を手にとって眺めました。先生は古道具屋の店先を時々訪れては、こういうものを手に入れるのだ、とおっしゃいました。手にとって眺めていますと、日本人が徹底的にものを大切にした「もったいない」の精神に触れるような気がして、心が躍りました。ちゃんと焼き接ぎ屋のサインの入った磁器もありました。

あまりに私がうれしそうにしていたからでしょうか。先生はその中の一つを手にとって、「これをあげよう」と私にくださいました。今でも大切に保管させていただいています。

「本部の宝や」の言葉の背景

話を戻します。焼き接ぎはわかりました。しかし、これで私の疑問がすべて解消したわけではありません。逸話篇には、「模様ものの普通の茶碗に、錦手の瀬戸物で接いであった」とあります。

焼き接ぎ屋の仕事は、割れた一個の茶碗を元通りに直すことです。教祖の茶碗は、別々の茶碗を接いであるのです。これはどういうことでしょう。

「模様ものの普通の茶碗」とは、現代でも普通に使う茶碗です。「錦手の瀬戸物」とは、赤・緑・黄・紫・青色などの上絵付けをしたもののことで、色絵・赤絵とも言います。主に有田焼（伊万里焼）などで使われた手法で、酒井田柿右衛門の作などが有名です。

一個のものが割れた場合、断面はきちんと合いますから接ぐのは簡単です。しかし、別々の茶碗となると話が変わります。二個の茶碗が偶然、断面がちゃんと合うように割れることなどあり得ません。おそらく教祖は、最初は普通に接いでお使いになったのでしょう。それでもどうしても接いだところは弱いですからまた割れるわけです。こうしてとことんお使いになって、もうどうしようもない、という時に、今度は他の断片を合わせてみて、うまく繋がりそうな破片を選んでまた接いでお使いになっているのです。

こういうことができるということは、上等の錦手も普通の茶碗も、割れたからといって簡単にお捨てにはならなかった。それをどこかにとっておかれたということです。おそらく、うまく繋がる破片を見つけるためには何十個という茶碗の破片が必要だったことでしょう。そしてうまく繋がる破片を見つけ出して接いでおられるのです。最終的には少し削ったりもなさったでしょう。考えてみると、恐ろしく手間のかかることですね。

この焼き接ぎのお話を残してくださった梶本楢治郎先生は、初代真柱様の弟さんで、明治5年のお生まれです。おそらくまだこの当時は、焼き接ぎ屋は普通に街中に存在していたでしょう。七輪と道具を天秤にのせて、街角を流していたに違いありません。ですから、接いだ瀬戸物を見ること自体はそれほど珍しくなかったのではないでしょうか。

その楢治郎先生が「本部の宝や」とまで感嘆なさったのは、「模様ものの普通の茶碗に、錦手の瀬戸物で接いであった」という茶碗をご覧になった瞬間、すべてを悟られたからだと思います。破片を集めておいて、合う破片を選び出してまで接いでお使いになるという、この徹底した教祖の「ものを生かし切る御態度」「お与えを生かして使い切る姿勢」に感銘を受けられたからではないでしょうか。

今では、茶碗は百円均一ショップで売っています。おそらく焼き接ぎ屋が今おられるとしても、手間賃の方が高くつくでしょう。現代はそれほどの大量消費社会になっています。

楢治郎先生が「後々のものは贅沢出来ん」と仰せられたほどの、教祖のひながたにこもる精神を今に活かす道は、割れた茶碗を接いで使うことではありません。茶碗ならば割らないように大切に使うことであり、茶碗に限らずお与えいただいた万物の恵みに感謝して、手間暇を惜しまず最後まで活かしきる姿勢だと思うのです。

「逸話篇一九五　御苦労さま」

「隔《へだ》ての心」は「比較」から

私たちはどうしても見かけとか、職業とか、その人に付随しているもので人柄を判断してしまいます。事務仕事をしている人は几帳面、商売人だから愛想が良いとか、身体の大きい人は不器用だとか。

全くその逆の場合もあるにもかかわらず、この手の思い込みはぬぐい去ることができません。そうではない証拠を見過ごして、そうである証拠ばかりが目につく。これを心理学では「確証バイアス」といいます。

その結果手痛い思いをすることがしばしばあります。思い込みですんでいるうちは良いのですが、これが差別につながると問題は大きくなります。差別する心、つまり隔て心は、八つのほこりの「かわいい」につながっている心です。

私はこの「隔ての心」が比較から生まれるという、ある先生のお話を聞いてハッとしたことがあります。言われてみたら当然のことかも知れませんが、そうなのです。隔て心というのは隔てる対象がいるのです。

こっちはかわいい、こっちはかわいくない。こっちは好き、こっちはキライ。その根底には必ず比較対象があります。ですから、比較をやめたら隔ての心はなくなります。相対評価をやめて絶対評価にする。これが実はとても難しくて、ついつい比較をしてしまっている自分に気づきます。

「お兄ちゃんに比べて、弟は……」「あの人に比べてこの人は……」

そしてその評価の基準もまたいい加減なもので、たいていの場合は自分の好みによるものです。「この子は良い子」「この子は悪い子」という言い方をよくしますが、その前にある言葉が必ずくっつきます。「自分にとって」という言葉です。

さらに恐ろしいことに、常に人と人を比較しながら生きていると、いつの間にか大切なことを見失ってしまいます。それは「本当は自分はどうしたいのか」ということです。自分の立ち位置を人との比較で見てしまうクセがつくと、価値判断まで人の目を気にするようになるのです。

「あの人がこれくらいだから、自分もこれくらいでいいだろう」

「あの人がこうしているから、自分もこうしてもいいだろう」

本当は自分はどうしたいのか、という主体性が消え失せる。比較とは、いつの間にか自分の主体性をなくしてしまうことにつながる、恐ろしい行動なのです。

比較をやめて「兄は兄」「弟は弟」「この人はこの人」と絶対的な見方をすることは、「私は私」と、自分の主体性も肯定することにつながります。

「逸話篇一九五　御苦労さま」

「教祖程、へだてのない、お慈悲の深い方はなかった。どんな人にお会いなされても、少しもへだて心がない。どんな人がお屋敷へ来ても、可愛い我が子供と思うておいでになる。どんな偉い人が来ても、

『御苦労さま。』

物もらいが来ても、

『御苦労さま。』

その御態度なり言葉使いが、少しも変わらない。皆、可愛い我が子と思うておいでになる。それで、どんな人でも皆、一度、教祖にお会いさせてもらうと、教

祖の親心に打たれて、一遍に心を入れ替えた。教祖のお慈悲の心に打たれたのであろう。

例えば、取調べに来た警官でも、あるいは又、地方のゴロツキまでも、皆、信仰に入っている。それも、一度で入信し、又は改心している。」

と。これは、高井直吉の懐旧談である。


この教祖の見方こそ、相対評価ではなく絶対評価とよばれるものです。誰に対しても態度が変わらないというのは、比較をしていたらできません。教祖は比較をなさらず、誰彼とへだてなく言葉をかけ、態度を示されました。

しかし私は、実はこのご逸話に書かれている「へだてがない」という言葉と「ご苦労様」がなぜつながるのか、ずっと小さな疑問を抱いていました。かすかに引っかかりを感じていたのです。

隔てなくかけられたお言葉は、なぜ「御苦労様」だったのでしょう。なぜ物もらいが来ても「御苦労様」なのでしょう。

ふつう「御苦労様」とは、仕事をしている人や、心や体を使って相手のために何かをしたときに掛ける言葉です。しかし、物もらいさんは何もしていないわけです。いや何もしていないどころか、物を恵んでもらいたいと来ているわけです。これから相手に迷惑をかけようかという人です。その人にも「御苦労様」と声をおかけになる。その意味は何なのだろう。

これを理解するためには、声をかけられた物もらいさんの気持ちを想像してみることがヒントになると思いました。物もらいさんは、教祖からこうお声をかけていただいてどういう気がしただろう、と想像を馳せるわけです。

考えてみたら、好きで物もらいになっている人などいません。何の関わりもない人に、ものを恵んでくださいと頼むときの心持ちは、身を切るほど切ないものです。人間として情けないと思いつつ、しかしさまざまな事情から、やむなく物もらいに身をやつしているわけです。

もしかしたら身体が弱くて働けないのかもしれない。家に帰ったら病気で寝ている家族がいるのかもしれない。仕事をしたくてもできないのかもしれない。物もらいさんには物もらいさんの事情というものがあるに違いありません。

困りに困って、噂に聞いた生神様のお屋敷の門口に立って食を乞う。そこに教祖は優しく「御苦労様」と声をおかけになるのです。何もしていない私に、これから迷惑をかけようという私に「御苦労様」と仰せになる教祖。

皆様もこのお言葉を味わってみてください。おそらく物もらいさんは、この生き神様から発せられた「御苦労様」を「生きていてくれて御苦労様」と受け取ったのではないかと思うのです。

「つらいね、しんどいね。こんな姿に身をやつして。でも与えられた命で一生懸命生きてくれているね。ありがとう。御苦労様」

こうとしか受け取れないのではないでしょうか。

私はここに、本当の人類の親である教祖の計り知れない深いご慈愛を感じます。そして、「その御態度なり言葉使いが、少しも変わらない。皆、可愛い我が子と思うておいでになる」という一文が深い感銘とともに迫ってくるのです。

「ありのまま」を認める

人生で何を為したか、今何を為そうとしているのか、もちろんそれも大切なことです。しかし教祖の人間を慈しむ思いには条件はありません。今命を与えられて生きている。そのこと自体を限りなく愛おしんでくださるのです。

別に何もしなくても、何もくれなくても、居てくれるだけで存在自体が愛おしくてたまらない。いちずな親の思いです。


「同じ五本指の如く、兄弟の中なら、どの指噛んでも身に応《こた》えるやろ。」

（おさしづ　明治32・12・27）


と仰せになる、真実の親ならではの思いなのではないでしょうか。

なぜ何もしていない物もらいさんに「御苦労様」とお声をおかけになったのか、という疑問はこう考えることによって納得できました。いや、むしろ「偉い人」におかけになった「御苦労様」の方を誤解していた、ということに気づきました。

あれは「偉い人」のされたことに対しておかけになった「御苦労様」ではないと思います。「どんな人がお屋敷へ来ても、可愛い我が子供と思うておいでになる」という隔てのない親心から発せられているお言葉です。「御苦労様」の意味も同じはずです。

この「御苦労様」は、命をお与えになっている親神様のお心をお持ちの教祖だからこそ言える、「生きていてくれて、がんばってくれてありがとう。御苦労様」

だったのでした。

このご逸話を私たちの生活に活かす「ひながた」としてとらえ、同じ親神様を親と仰ぐきょうだいとしてこのお言葉をかみしめるとき、私たちが取るべき行動は、比較をしない、差別をしない、ということが挙げられると思います。

また、一人一人のありのままを認めていく、それが大切だと思います。どんなに自分の理解を超えていても、決して自分の好き嫌いでものを見ようとせず、その人のありのままを受け容《い》れ、認めていくのです。

今の世の中は、詩人、金子みすゞさんの詩にあるように「みんな違ってみんないい」、つまり「いろんな人がいても良いよね」という社会に変わろうとしています。多様性を認める。ＬＧＢＴ（レズビアンやゲイなど）の方たち、あるいは認知症や発達障がいを抱えている人たちなども、その方々を否定したり何かが劣っていると考えたりするのではなく、その方たちの「ありのまま」を認めていく社会へと変わりつつあります。

特別なことができたり、特別なことが言えたりする「あなた」ではない。今のままの「あなた」、ありのままの「あなた」を、今日も教祖はごらんくだされています。しかも「御苦労様」とニコニコ微笑みながら。

この果てしないご慈愛に気づいたとき、私たちは何とも言えない安らぎを感じ、守られている安心感を得ることができます。そして、その親心にお応えするためにも、さらなる成人をお誓いせずにはいられません。

「逸話篇一六五　高う買うて」

同業者が泣くではないか

　昔、ある居酒屋で「一斗二升五合」と、見事な書体で書かれた貼り紙を見ました。しかし、意味がさっぱりわかりません。誰にも聞けずそのままにしていたら、ある方のメールに、「一斗二升五合ですね」と書かれていました。ああ、これは何かの符牒《ふちょう》だなと思ってしばらく考えました。そしてやっとわかりました。

「一斗」は五升の倍《ごしょうばい》

「二升」は升《ます》、升《ます》

「五合」は一升の半分、つまり半升《はんじょう》

なるほど、「ご商売、ますます、繁盛」と読むのです。このような貼り紙を店内に貼るほどに、商売繁盛の願いは商人にとって切実なものです。

　逸話篇の時代の先生方は農業をされていた方が多く、農業を台にしたお話はたくさんあり、商人の心得のお話はあまり多くありません。しかし、ちゃんと教祖は商人、つまりサービス業者に対してもひながたを残してくださっています。

「逸話篇一六五　高《たこ》う買《こ》うて」

明治十八年夏、真明組で、お話に感銘して入信した宮田善蔵は、その後いくばくもなく、今川聖次郎の案内でおぢばへ帰り、教祖にお目通りさせて頂いた。当時、善蔵は三十一才、大阪船場の塩町通で足袋商を営んでいた。

教祖は、結構なお言葉を諄《じゅん》々とお聞かせ下された。が、入信早々ではあり、身上にふしぎなたすけをお見せ頂いた、という訳でもない善蔵は、初めは、世間話でも聞くような調子で、キセルを手にして煙草を吸いながら聞いていたが、いつの間にやらキセルを置き、畳に手を滑らせ、気のついた時には平伏していた。が、この時賜《たま》わったお言葉の中で、

「商売人はなあ、高う買うて、安《やす》う売るのやで。」

というお言葉だけが、耳に残った。善蔵には、その意味合いが、一寸も分からなかった。そして思った。「そんな事をしたら、飯の喰いはぐれやないか。百姓の

事は御存知でも、商売のことは一向お分かりでない。」と思いながら、家路をたどった。

近所に住む今川とも分かれ、家の敷居を跨《また》ぐや否《いな》や、激しい上げ下だしとなって来た。早速、医者を呼んで手当てをしたが、効能はない。そこで、今川の連絡で、真明組講元の井筒梅治郎に来てもらった。井筒は、宮田の枕もとへ行って、「おぢばへ初めて帰って、何か不足したのではないか。」と、問うた。それで、宮田は、教祖のお言葉の意味が、納得出来ない由《よし》を告げた。すると、井筒は、「神様の仰っしゃるのは、他よりも高う仕入れて問屋《といや》を喜ばせ、安う売って顧客《とくい》を喜ばせ、自分は薄口銭に満足して通るのが商売の道や、と、諭されたのや。」と、説き諭した。善蔵は、これを聞いて初めて、成る程と得心した。と共に、たとい暫くの間でも心に不足したことを、深くお詫びした。そうするうちに、上げ下だしは、いつの間にやら止まってしまい、ふしぎなたすけを頂いた。

似たようなご逸話がもう一つ収録されています。「逸話篇一〇四　信心はな」という話で、ここには蒟蒻《こんにゃく》屋の冨田伝次郎という人が登場します。やっぱり、「商売人なら、高う買うて安う売りなはれや。」と教祖から声をかけていただいておられます。

これらのご逸話を拝読した当初、私は大変感嘆いたしました。キセル片手にのんびりお話を聞いていた善蔵先生が、だんだん平伏していく姿を想像すると興味深いですし、疑問を残して帰られた善蔵先生が、激しい上げ下しに見舞われ、井筒梅治郎先生からズバッとお諭しを受けてご守護いただかれる様もお見事です。また、お諭しの中身も「これは、現代の薄利多売方式ではないか」と思ったのです。スーパーマーケットの発想を、すでに明治時代に示唆《しさ》しておられるわけですから、これはすごいと思いました。「やはり真実の教えは、時代を超えた真理なのだ」と感銘せずにはいられませんでした。

しかし、あるとき一つの疑問がポツンと浮かび、それがどんどん大きくなってきました。やがてそれが心を覆い尽くし、どう考えても「高う買うて、安う売る」という意味がわからなくなってしまったのです。

宮田善蔵先生は「そんな事をしたら、飯の喰いはぐれやないか。百姓の事は御存知でも、商売のことは一向お分かりでない」と思われ、冨田伝次郎先生は、「そ

ん な事をすると、損をして、商売が出来ないように思われる」(逸話篇一〇四　信心はな)と考えられたのですが、私の場合は違います。

確かに「他よりも高う仕入れて問屋を喜ばせ、安う売って顧客を喜ばせ、自分は薄口銭に満足して通るのが商売の道や」ということに間違いはないのですが、実はこれをやると困る人が出てくる。それは誰か?

「問屋から品物を仕入れる時には、問屋を倒さんよう、泣かさんよう、比較的高う買うてやる」(逸話篇一〇四　信心はな)と、その裏で泣く人がいます。同業者です。高く買ってもらって喜んだ問屋は、今度もあそこに買ってもらおうと、よそへ売り惜しみをするようになります。すると、他の同業者のところへは品物が集まらなくなります。その結果他の同業者は今までより高い値段で仕入れなければ、物が集まらなくなるのです。

また、「お客さんに売る時には、利を低うして、比較的安う売って上げる」(同)と、その裏で泣くのもやはり同業者です。喜んだお客さんは、あそこの商品は安いぞ、今度もあそこで買おう、ということになり、またもや他の同業者のところへは、今度は客が集まらなくなるのです。

つまり「高う買うて安う売る」ということは、確かに自分と顧客は満足して通れますが、その結果、物とお客さんを独占してしまい、同業者を泣かせる通り方になってしまうのです。場合によっては倒産させてしまうかもしれません。

「それが資本主義の競争原理だ」と思われるかもしれません。しかし、教祖のお言葉通りに実行すると泣く人が出るというのは、私には少し違和感があるのです。

いったい何を高く買って安く売るのか?

さあ、どう考えたらいいのでしょうか。

この問題についてはさんざん考えました。しかし、どうがんばっても同業者を泣かせることには変わりありません。とうとうギブアップです。どうしても思考が先に進みません。

「ここで終わりか」と行き詰まったところで、いろんな先生方の意見を伺ううちに、あることに気がつきました。私は大前提を疑うことを忘れていました。理屈で行き詰まったら、当然だと思っていた大前提を疑う。この逸話の場合は「高く買って安く売る」のは「経済の話題」だというのが大前提でした。どうもこの前提が違うのではないか。そう思ったのです。

では、経済の話題ではないとすれば、何を高く買って、何を安く売るのでしょう……それは「心」ではないか。そう思いました。「労」と言い換えてもいいかもしれません。

問屋はメーカーから良い品物を集めてきてくれます。そして商売人である自分のために、目の前にそれを提供してくれている。その「心」「労」を高く買う、高く評価するのです。現実的には比較的高く買うという行為として現れるのでしょうが、それは感謝の心の表現なのです。高く買うことは、相手の「心」「労」を高く買っていることと同じなのです。

同じように、売る場合も自分の「心」「労」を安く売る。自分の「労」を恩に着せずに「たいしたことではありませんよ」と身も軽く、安く「労」を提供するわけです。

こう考えると、同業者がどうのこうのという次元を超えた話になります。人として、他人がしてくれたことにどう感謝するか、自分の行いをどうさりげなく伝えるか、という話になるのです。

「他よりも高う仕入れて問屋を喜ばせ、安う売って顧客を喜ばせ、自分は薄口銭に満足して通るのが商売の道や」

この「喜ばせ」の意味が、単に高く買って「喜ばせ」るのではない。相手がしてくれたことを高く評価することによって、心から「喜ばせ」るわけです。また、自分がしたことを恩に着せないことで、今度はお客を良い気持ちにして、「喜ばせ」るのです。

そもそも、仕事で幸せを感じるのはお金が入ったときでしょうか。人は給料をもらうときに、最高の喜びを感じるのでしょうか。違うと思います。自分のやっていることが人の役に立っていると実感できるときに、なんとも言えない喜びを感じるのではないでしょうか。

看護師さんなら、患者さんから「病気になってつらかったけど、あなたの笑顔から元気をもらったよ。ありがとう」と感謝されたとき。保育士さんなら、お世話する子供が「せんせーい！」と自分を信頼して胸に飛び込んできてくれたとき。そういうときにこそ、真の喜びを感じるでしょう。そしてそれは問屋も同じ事。自分の仕事を高く「買って」くれる商人は意気に感じるでしょう。また自分の仕事を安く「売って」いる商人を見かけたら、人間としての生き様の魅力を顧客は感じるのではないでしょうか。

「高く買って安く売る」――私が最初に考えたのは単なる「薄利多売方式」という意味でした。この言葉を金銭の授受という一面に限った意味でとらえ、そこにこだわる限り、先ほどの矛盾がいつまでもつきまといます。

株式や為替《かわせ》の売買などでお金を稼ぐことは、悪いことではありません。でも、人を喜ばせるという価値がついたお金には、いわゆるマネーゲームでお金を得ることでは得られない、真の人生の喜びが伴います。

お金の動きの後ろには、常に心が動いています。考えてみれば至極当然のことです。このご逸話は単なる経済の問題ととらえずに、心の問題を含めて考えないとちゃんと理解できないと思うのですが、いかがでしょうか。

私たちも、おやさまの教えに基づいて、他人のしてくれたことを高く「買って」、自分のしたことを安く「売る」という生き方をしたいものです。

おたすけいただく秘訣をめぐって

「時間」を切り口におたすけを見ると

私たちは日ごろようぼくとしておたすけをさせていただいています。特に身上（病気）のおたすけの際は、一刻も早い平癒《へいゆ》を親神様にお願いします。

これは私の経験から申し上げるのですが、どうも若い人ほどおたすけいただくのが早いような気がしています。信者さんの子どもにおさづけを取り次いで、しばらく親御さんとお話をしていて、気がついたら寝ていた子どもが元気に走り回って遊んでいた、などという経験も一度や二度ではありません。皆様方も同じような経験をお持ちでしょう。

さて、ご逸話を拝読していますと、当然のことながら教祖からおたすけいただいたエピソードがたくさん出てきます。この場合も、すぐにおたすけいただいた方もおられれば、結構時間がかかりながらおたすけいただかれた方もおいでになるわけです。

それらのご逸話を「おたすけいただくまでの時間」を切り口に見ていくことにします。２００篇あるご逸話の中で、身上のご守護が具体的に書かれているご逸話は全部で36篇あります。これも正確に36篇かというと、かなり微妙です。というのも、おたすけいただいて入信されたエピソードがさらっと出てくる場合、一つとカウントするかどうか迷うのです。しかし、今回はこういうケースは除外しました。おやさまがおたすけにかかられ、ご守護いただくまでの様子が具体的に書かれているご逸話に限定しました。

また具体的に日数が書かれている場合はよいのですが「数日後」とか「日ならずして」などの表現がありますので、実際の日数は特定できないケースもあります。これらは便宜上「四、五日」で統一しました。

そうしてコンピュータの表計算ソフトに読み込ませ、登場人物の年齢・エピソードなどを重ねると、興味深いことが浮かび上がってきました。

何と言っても、一番インパクトがあるのは「即座におたすけいただいた」というご逸話でしょう。全部で10篇あります。教祖のお言葉をいただくとともに目が開いた、あるいはピタッと痛みが取れた、というケースです。代表的なご逸話を挙げておきます。

「逸話篇四九　素直な心」

明治九年か十年頃、林芳松が五、六才頃のことである。右手を脱臼したので、祖母に連れられてお屋敷へ帰って来た。すると、教祖は、

「ぼんぼん、よう来《き》やはったなあ。」

と、仰っしゃって、入口のところに置いてあった湯呑み茶碗を指差し、

「その茶碗を持って来ておくれ。」

と、仰せられた。

芳松は、右手が痛いから左手で持とうとすると、教祖は、

「ぼん、こちらこちら。」

と、御自身の右手をお上げになった。

威厳のある教祖のお声に、子供心の素直さから、痛む右手で茶碗を持とうとしたら、持てた。茶碗を持った右手は、いつしか御守護を頂いて、治っていたので

ある。

これは持とうとした瞬間にすでにご守護いただいていた、という「速効性」からいえばダントツに早い、実に不思議なご逸話です。

ふつうなら、痛む手で持てなどと言われると理解できない。少なくとも私たち大人はそうです。「無茶を言う」と腹を立てる人もいるかもしれません。しかし林芳松さんは「持てた」のです。このご逸話の「持とうとしたら」と「持てた」の間の「、」がとても大切です。ご守護をいただいた瞬間が、この句点の瞬間だからです。

さて、これら10篇の逸話に共通することがあります。

①登場人物の歳が比較的若い。
②素直である。
③即座に行動する、心を定める、あるいは反省する。

①の年齢、登場する人の半分は20歳未満の未成年です。
②の素直である、という性格については、年が若いということとも関連するの

ですが、先ほどの林芳松さんや、「一生、世界へ働かんと、神さんのお伴さしてもろうて、人救けに歩きなされ。」と言われて、即座に「そんなら、そうさしてもらいます。」とお答えになった的場彦太郎先生（逸話篇二四　よう帰って来たなあ）、「胡弓々々」というお言葉に対して「はい」と即答なさる上田ナライト先生の素直さ（逸話篇五五　胡弓々々）などが印象的です。

ご守護をいただく瞬間というのは、大げさに何かをしたとか衝撃的な何かを聞いたとかという瞬間でなしに、心がふっと動いた瞬間である場合が多いようです。信じよう、もたれようという素直な心が芽生えた瞬間にたすけていただいているわけです。

また、③の即座の心定め、実行について言えば、琴を買いに行った店先で腫《は》れ物をご守護いただいた辻忠作先生（逸話篇五二　琴を習いや）、泣けるだけ泣いて反省した瞬間目が見えるようになった中山コヨシ先生（逸話篇一一五　先が見えんのや）、決して抜け出しません、と堅く決心された瞬間、腕の腫れが引き痛みが取れた松田サキ先生（逸話篇一五六　縁の切れ目が）などが該当します。

一刻も早いたすかりをご守護いただくための秘訣は、やはり素直な心と即座の行動、反省と心定めであることがよくわかります。

一番長くかかったおたすけは？

では逆に、一番長く時間がかかったおたすけは何でしょうか。ダントツで「逸話篇一九九　一つやで」に登場される本田せい先生。4年かかっています。

「逸話篇一九九　一つやで」

兵神真明講周旋方の本田せいは、明治十五年、二度目のおぢば帰りをした。その時、持病の脹満で、又、お腹が大きくなりかけていた。それをごらんになった教祖は、

「おせいさん、おせいさん、あんた、そのお腹かかえているのは、辛かろうな。けど、この世のほこりやないで。前々生から負うてるで。神様が、きっと救けて下さるで。心変えなさんなや。なんでもと思うて、この紐放しなさんなや。あんた、前々生のことは、何んにも知らんのやから、ゆるして下さいとお願いして、神様にお礼申していたらよいのやで。」

と、お言葉を下された。それから、せいは、三代積み重ねたほこりを思うと、一日としてジッとしていられなかった。そのお腹をかかえて、毎日おたすけに廻わった。

（中略）数年間、熱心におたすけに東奔西走していたが、明治十九年秋、四十九才の時、又々脹満が悪化して、一命も危ないという容態になって来た。（中略）六日目からは、歯を食いしばってしまって、二十八日間死人同様寝通してしまった。（中略）その二十八日間、毎日々々、小便が出て出て仕方がない。日に二十数度も出た。こうして、二十八日目の朝、妹の灘谷すゑが、着物を着替えさせようとすると、あの大きかった太鼓腹が、すっかり引っ込んでいた。余りの事に、すゑは、「エッ」と、驚きの声をあげた。その声で、せいは初めて目を開いて、あたりを見廻わした。そこで、すゑが、「おばん、聞こえるか。」と言うと、せいは、「勿体ない、勿体ない。」と、初めてものを言った。

　その日、お粥の薄いのを炊いて食べさせると、二口食べて、「ああ、おいしいよ。勿体ないよ。」と言い、次で、梅干で二杯食べ、次にはトロロも食べて、日一日と力づいて来た。が、赤ん坊と同じで、すっかり出流れで、物忘れして仕方がない。

そこで、約一カ月後、周旋方の片岡吉五郎が、代参でおぢばへ帰って、教祖に、この事を申し上げると、教祖は、

「無理ない、無理ない。一つやで。これが、生きて出直しやで。未だ年は若い。一つやで。何も分からん。二つ三つにならな、ほんまの事分からんで。」

と、仰せ下された。

せいは、すっかり何も彼も忘れて、着物を縫うたら寸法が違う、三味線も弾けん、という程であったが、二年、三年と経つうちに、だんだんものが分かり出し、四年目ぐらいから、元通りにして頂いた。

実はご守護いただくまで4年もかかったのはこのご逸話だけです。他は長くても2カ月くらいですっきりおたすけいただいておられます。

すっきりおたすけいただくまで3年かかった宮森与三郎先生もおられますが（逸話篇四〇　ここに居いや）、この場合はおぢば帰りをすると「ぴたっと治まった」わけですから、逆に即座のおたすけに入ります。

本田せい先生が一番長くかかったからと言って、素直じゃなかったとか心定め

が足りなかった、というわけではありません。この4年は、赤ん坊が物心つく4年だと仰せになっているわけですから、意味のある4年なのです。冒頭にも述べたとおり、私たちは一刻も早い身上の平癒を親神様に願います。しかし、実はご守護というのはそういう表面的なものばかりではない。時間がかかることに意味がある場合だってあるのです。

そのことがよくわかるのは、何といっても次のご逸話ではないでしょうか。

「逸話篇一四七　本当のたすかり」

大和国倉橋村の山本与平妻いさ（註、当時四十才）は、明治十五年、ふしぎなたすけを頂いて、足腰がブキブキと音を立てて立ち上がり、年来の足の悩みをすっきり御守護頂いた。

が、そのあと手が少しふるえて、なかなかよくならない。少しのことではあったが、当人はこれを苦にしていた。それで、明治十七年夏、おぢばへ帰り、教祖にお目にかかって、そのふるえる手を出して、「お息をかけて頂きとうございます。」と、願った。すると、教祖は、

「息をかけるは、いと易《やす》い事やが、あんたは、足を救けて頂いたのやから、手の少しふるえるぐらいは、何も差し支えはしない。すっきり救けてもらうよりは、少しぐらい残っている方が、前生のいんねんもよく悟れるし、いつまでも忘れなくて、それが本当のたすかりやで。人、皆、すっきり救かる事ばかり願うが、真実救かる理が大事やで。（中略）」

と、お諭し下されて、おふでさき十七号全冊をお貸し下された。この時以来、手のふるえは、一寸も苦にならないようになった。（後略）

このご逸話は、実は36篇のご逸話の中でも例外中の例外です。つまり手の震えだけを見れば、ご守護いただいていないご逸話なのです。しかし、すっきりたすからないことが実は「ご守護」だと仰せになっています。

私たちの思う「ご守護」と親神様の思いの中にある「ご守護」はかくも違うのだという典型のようなご逸話で、拝読すればするほど深い意味を感じるご逸話だと思います。

「逸話篇三三　国の掛け橋」

〝気づき〟のヒント――へそ曲がりの読み方

本書は、かつて『陽気』誌に連載したものを、大幅に加筆訂正したものです。連載中、「どうしたら、そんなに新しい見方（切り口）が見つかるのですか?」というご質問をたびたび受けました。そのたびに、「いやいや、単におへそが曲がっているだけですよ」とお答えしていました。事実そうだと思います。ふつうに読めば何でもないところが、妙に引っかかる。これはへそ曲がりの典型です。

しかし、時にこのへそ曲がりが、役に立つこともあるのです。といいますのも、逸話篇はただすっと読んでいるだけでは、ことの重大さに気がつかない場合があります。淡々と書かれた事実を、きちんと頭の中で想像しながら読んでいく。居合わせた人たちの気持ちになって考えてみる。そういう作業をすると、鮮やかな驚きに包まれることがよくあります。

今回は、逸話篇を拝読するときに、小さなことにちょっと気をつければ、いろんなことが見えてくる、という典型のようなお話をしたいと思います。

「逸話篇三三　国の掛け橋」

河内国柏原村の山本利三郎は、明治三年秋二十一才の時、村相撲を取って胸を打ち、三年間病の床に臥《ふ》していた。医者にも見せ、あちらこちらで拝んでももらったが、少しもよくならない。それどころか、命旦夕《めいたんせき》に迫って来た。明治六年夏のことである。その時、同じ柏原村の「トウ」という木挽《こびき》屋へ、大和の布留《ふる》から働きに来ていた熊さんという木挽きが、にをいをかけてくれた。それで、父の利八が代参で、早速おぢばへ帰ると、教祖から、

「この屋敷は、人間はじめ出した屋敷やで。生まれ故郷や。どんな病でも救からんことはない。早速に息子を連れておいで。おまえの来るのを、今日か明日かと待ってたのやで。」

と、結構なお言葉を頂いた。もどって来て、これを伝えると、利三郎は、「大和の神様へお詣りしたい。」と言い出した。家族の者は、「とても、大和へ着くまで持

たぬだろう。」と止めたが、利三郎は、「それでもよいから、その神様の側へ行きたい。」と、せがんだ。あまりの切望に、戸板を用意して、夜になってから、ひそかに門を出た。けれども、途中、竜田川《たつたがわ》の大橋まで来た時、利三郎の息が絶えてしまったので、一旦は引き返した。しかし、家に着くと、不思議と息を吹き返して、「死んでもよいから。」と言うので、水盃の上、夜遅く、提灯をつけて、又戸板をかついで大和へと向かった。その夜は、暗い夜だった。

一行は、翌日の夕方遅く、ようやくおぢばへ着いた。既にお屋敷の門も閉まっていたので、付近の家で泊めてもらい、翌朝、死に瀕《ひん》している利三郎を、教祖の御前へ運んだ。すると、教祖は、

「案じる事はない。この屋敷に生涯伏せ込むなら、必ず救かるのや。」

と、仰せ下され、つづいて、

「国の掛け橋、丸太橋、橋がなければ渡られん。差し上げるか、差し上げんか。

荒木棟梁　々々々々。」

と、お言葉を下された。それから、風呂をお命じになり、

「早く、風呂へお入り。」

と、仰せ下され、風呂を出て来ると、
「これで清々《せい》したやろ。」
と、仰せ下された。そんな事の出来る容態ではなかったのに、利三郎は、少しも苦しまず、かえって、苦しみは去り、痛みは遠ざかって、教祖から頂いたお粥を三杯、おいしく頂戴した。こうして、教祖の温かい親心により、利三郎は、六日目にお救け頂き、一カ月滞在の後、柏原へもどって来た。その元気な姿に、村人達は驚歎《きょうたん》した、という。

主人公の山本利三郎先生のお父様、利八先生は、「逸話篇一五八　月のものはな、花やで」に登場する先生です。

明治3年、村相撲で胸を打って寝込まれた利三郎先生は、利八先生のご長男。相撲が得意で、「やつがね」というしこ名まで持っておられました。村相撲で胸を打ち、3年間、寝たきりになり、「命日夕に迫ってきた」のが明治6年。

そこで「トウ」という木挽屋《こびき》の、熊さんという木挽きからにおいがかかります。ちょっとうわさ話を聞いた程度かもしれません。3年間も寝たきりですから、もはや万策尽きてあきらめかけている。そこにちょっとしたうわさを聞く。そこで利八先生はなんと、海のものとも山のものともつかぬうわさを頼りにお屋敷に行かれるのです。「早速」と逸話篇には書かれています。その日か次の日でしょうか。いかに「藁《わら》をもすがる思い」だったかが読み取れます。

そこで利八先生は教祖から、

「どんな病でも救からんことはない。早速に息子を連れておいで。おまえの来るのを、今日か明日かと待ってたのやで」

と、お話をお聞きするわけです。そして帰って利三郎に聞かせると、利三郎も「大和の神様へお詣りしたい。」と言い出します。

戸板にのせて「夜」「ひそかに」の情景

想像してみてください。「とても、大和へ着くまで持たぬだろう。」という瀕死の重病人です。今なら点滴のチューブを何本も体に突き刺し、酸素吸入をしているような状態でしょう。連れて行けるなど考えもしなかったと思います。しかし、本人のたってての願いということで、「夜になってから、ひそかに」戸板にのせてのおぢば帰りとなるのです。

なぜ「夜」「ひそかに」だったのでしょう。理由は一つ。近所の人や街道を歩く人に見られたくないからではなかったでしょうか。動かすことは殺すようなものだったわけです。やっぱりだめだったら、心配してくれる近所の人にも申し訳ない。実際、近所の人は提灯に灯《あか》りをつけて村はずれまで見送ってくれたということです。

案の定、おやしきまでたどり着くことができず、「途中竜田の大橋で息が切れた」とご逸話にあります。

柏原から竜田の大橋までは、車で走っても相当なものです。インターネット地図で調べてみると、距離12・4キロ。徒歩約2時間半と出ました。

この竜田の大橋で息が切れてしまった。一行は一旦家に帰る。しかし、「家に着くと、不思議と息を吹き返して」とあります。ここで大切なのは、家に着くと息を吹き返したということです。家に帰り着くまで「死んで」おられたのです。少なくとも、戸板を担いでいた人たちはそう思っていました。

戸板をかついで家に帰るときの利八先生たちの心中たるや、いかばかりであったか。やはり無理をしたのがいけなかった、と後悔なさったのは想像に難くありません。

このときの利八先生は熱心な信者ではありません。教祖から一度、話をお聞きしただけなのです。泣きながらトボトボと家路をたどられる一行が想像されます。しかし家に帰ると利三郎先生は息を吹き返した。せっかく息を吹き返したかわいい我が子利三郎は、またもや無茶を言う。

「(利三郎が)『死んでもよいから』と言うので、水盃の上、夜遅く、提灯をつけて、又戸板をかついで大和へと向かった。」

「水盃」というたった二文字。なんという壮絶な覚悟でしょう。

おぢばに着かれたのは、翌日の夕方遅く。ほとんど一昼夜です。一昼夜にわたり、一度は死んだと思っていた瀕死の病人を、戸板にのせて歩く一行を想像してみてください。すれ違う人たちの視線、視線を浴びながら黙々と歩みを進める一行の心中を想像してみてください。ましてやすでに24時間以上寝ていない人たちです。

教祖にお目通りされたのはさらに翌日の朝でした。このときの教祖のお言葉は、

コラム〈柏原から龍田の大橋〉

このルートですが、昔のことですから全部今の国道を通られたわけでなく、旧奈良街道をお通りになったのだと思います。

古地図によりますと、奈良街道は現在のJR高井田駅手前で国豊橋を通り、大和川を渡ってすぐ左折。松岳山古墳を左手に見て、大きく右に曲がり、現ジェイテクト国分工場前で現在の国道25号線に合流します。しばらく大和川左岸を遡り、孝霊天皇陵の下、新出合橋南詰めの三叉路を左折。出合橋で葛下川を渡り、線路を越えて明治橋で大和川を渡るというコースだと思います。

その先の勢野東を県道194号線沿いに道なりに右折し、勢野北交差点をもう一度右折すれば、その先が竜田の大橋です。

この大和川左岸ルートができたのは明治になってからで、江戸時代は右岸ルートを通っていました。いわゆる亀の瀬越えです。ただしかなりアップダウンがあるために、戸板にのせて運ぶには負担が大きいと思います。

明治6年に左岸ルートができていたかどうかわかりませんが、国豊橋が明治3年の架橋ですから、できていた可能性が高いです。

もしできていたら、比較的平坦なルートなので、そこを通られたと思うのです。

「国の掛け橋、丸太橋、橋がなければ渡られん。差し上げるか、差し上げんか。荒木棟梁　々々々々。」

きっと利八先生は「差し上げます」と心を定められたのでしょう。直後、なんと教祖はお風呂をお命じになります。「そんなことの出来る状態ではなかったのに」、しかしどうせ差し上げた命。素直に従われました。これを境に利三郎先生は清々しい気持ちになられ、直後にお粥を三杯食べられ、六日目におたすけいただかれ、一カ月後には元気におなりになるのです。

その元気な姿に、村人達は驚歎した、と書かれています。てっきり死んだと思われていた利三郎先生です。まるで幽霊を見る気分だったでしょう。

この後の利三郎先生は、まさに「あらきとうりょう」の言葉通り、現在の柏原市はもとより、八尾市、藤井寺市、羽曳野市など河内一帯を布教なされます。

当時の利三郎先生は、満年齢で23歳。今で言えば、大学を卒業したばかりのフレッシュな若者です。そして4年後の明治10年ごろには、大阪河内の講社取締役となられているのです。

さらに利三郎先生は明治14年、「取り次ぎ」のご命をいただかれます。ですから、明治15年以降のご逸話には、利三郎先生が世話取りをして信者を教祖に取り次ぐシーンが、教祖伝にもたびたび出てきます。

この稿は特段新しいことは書いていません。ただご逸話に書いてあることを、時間軸に沿って忠実に想像しながら追っただけです。しかし、ただそれだけでも、ご逸話のもたらすイメージがぐっと鮮明になったような気がしませんか。

「逸話篇三三　国の掛け橋」

「逸話篇一七〇　天が台」

依頼された氏神様の神事

うちの近所の氏神様で、年に二回「お籠《こ》もり」という行事があります。神主さんが祝詞《のりと》を上げ、お祓《はら》いをする。そのあと地域の人たちが会食をするのです。毎年、近くに住む神主の資格を持った人に頼んでおられました。

ところがその神主さんが亡くなり、町内会の皆さんはちょっと離れた神社の神主さんに頼みに行かれました。その神主さんが一度目は引き受けたのですが、二度目には断ってきました。理由は「お礼が少ない」ということでした。町内会の役員さんたちも立腹して、「もうあの神主には頼まない」ということになり、「神様のお祓《はら》いなら、できる人がこの地区にいるじゃないか。天理教さんが」ということになったのです。そして町内会長さんが頼みに来られました。

さあ大変です。当時の私の感覚では、天理教の会長が近所の氏神様の神事をやるのは、キリスト教のミサをお坊さんがするようなものだと思っていましたから、非常に困ったわけです。そこで当時の大教会長様にお尋ねしました。「やめとけ」とおっしゃるだろうから、それを口実に断るつもりでした。ところが大教会長様は、「万難を排して受けなさい」とおっしゃったのです。

「え？　じゃあ、祭文（祝詞）はどう書くんですか？　柏手は何回叩くんですか？」

とお尋ねしたら、

「そんなものは自分で考えなさい」

とおっしゃいました。地域が天理教を必要としてくれる、そんな機会を逃すのはもったいないということなのです。考えてみたら、これは天理教冥利《みょうり》に尽きることです。そこでお役に立つのみならず、お話も取り次げる。第一、地域と深い繋がりが生まれます。

こういういきさつで、私がさせていただくようになってもう10年以上になりますが、この神事を通して大いに「においがけ」をさせていただいております。

さて、この「氏神様」、もっと広く言えば「他宗教」と天理教の関係を教えてくださっているご逸話があります。

「逸話篇一七〇　天が台」

梅谷四郎兵衛が、教祖にお聞かせ頂いた話に、

「何の社《やしろ》、何の仏にても、その名を唱え、後にて天理王命と唱え。」

と。又、

「人詣《まい》るにより、威光増すのである。人詣るにより、守りしている人は、立ち行くのである。産土神《うぶすながみ》は、人間を一に生み下ろし給《たま》いし場所である。産土の神に詣るは、恩に報ずるのである。」

「社にても寺にても、詣る所、手に譬《たと》えば、指一本ずつの如きものなり。本《もと》の地《じ》は、両手両指の揃いたる如きものなり。」

「この世の台は、天が台。天のしんは、月日なり。人の身上のしんは目。身の内のしん、我が心の清水《せいすい》、清眼という。」

と。

このご逸話は「こふき話（古記）」という大変重要な書き物にも出てくる文言を含んでいます。私ごとき不勉強な者が言及するのはとても憚《はばか》られますが、勇気を持って「親神様の教え」と他の信仰との関係について考えてみたいと思います。私はあえて「天理教」と書かずに「親神様の教え」と書きました。正直に申しますと、私はこの「天理教」という言い方があまりしっくりきません。何言ってんの？　と思われそうですが、〇〇教という言い方は、何か他にも□□教、▽▽教などがあって、それと同レベル、並列のような語感がある。冗談じゃありませんよね。この道は「この世治める真実の道」つまり「唯一無二」なのですから。

私は、アンケートや学校の家庭調査票などの職業欄に「天理教正代《しょうだい》教会長」あるいは「天理教正代分教会代表役員」などと書くのも好きではありません（仕方ないからそう書くことも多いですが）。そもそも私は「天理教」を「職業」だと思ったことはありません。私にとってこの教えは「唯一無二」の生き方です。社会に対する「職業」ではないのです。

ですから気持ちに正直に書かせていただくと、職業は「自由業」となります。好きなことをやらせていただいているということです。そして強いて言えば、その生きざまが「天理教教会長」なのだという気でいるのです。

私は、この道を「唯一無二」だと思っていますから、以前は他の神社、仏閣を参拝することはあまり好きではありませんでした。どうも神社や仏閣を、無神論者が見るような眼差しで「物として」見ていたような気がします。しかし、このご逸話を拝読する限り、そういう姿勢は正しくないのではないかと思えてきました。正しくないというより「もっと大らかでいい」という感じでしょうか。

教祖は「何の社、何の仏」つまりどういう神社やどういうお寺に参拝しようとも、その後に「天理王命」と唱えさえすれば、参拝していいのだと仰せになっているように思えるのです。

「親神様の教え」と「他宗教」の関係

ここで、このご逸話が残された時代背景を調べてみましょう。

このご逸話は、逸話の並びから明治18年頃のお話であると推察できます。官憲の取り締まりや僧侶・山伏の反対攻撃が激しかった頃です。それを避けるために、先人の先生方はいろんな伝手《つて》を頼って教会設置運動をしておられました。

明治18年5月には神道本局直轄の六等教会設置が許可されましたが、一派としての独立を意味する「神道天理教会の設置願い」はたびたび却下の憂《う》き目に遭っていました。そういう中、

「(明治十八年) 六月二十日 (陰暦五月八日) には、岩室村の金蔵寺《こんぞうじ》の住職村島憲《けん》海《かい》、村田理《おさむ》等が、お屋敷の門戸を蹴破って乱入した。余りの事に、眞之亮は告訴しようとしたが、丹波市村の駒村顕夫《あきお》が仲に入って謝って来たので、ゆるした。」

(教祖伝第九章)

と教祖伝に書かれています。

こういう「他宗教」の反対攻撃は、もう20年くらい続いていて、「親神様の教え」とは形の上では対立していました。そういう時代背景の中で、教祖はあえて「何の社、何の仏にても、その名を唱え、後にて天理王命と唱え。」と仰せになっているわけです。

なんという寛容な姿勢でしょう。いや、この場合寛容という言葉は当てはまらないかもしれません。「反対する者も可愛我が子、念ずる者は尚の事。」(おさしづ明治29・4・21) と仰せになる親心からすれば、そういう人間同士の対立のレベル

を超えた、ごく自然な親の情なのです。

さて、この「親神様の教え」と「他宗教」との関係を考える上で、大変参考になるのが、さらに踏み込んで仰せになった次のお言葉です。

「産土神は、人間を一に生み下ろし給いし場所である。産土の神に詣るは、恩に報ずるのである」

産土神とは、私がお祓いをしている、皆様のご近所にもある氏神様のことです。当時も今もそうですが、氏神信仰とは生まれた土地への愛着と強く結びついています。今でも「お前はどこのもんじゃ？」などと、人の素性を土地に求める考え方は根強く残っていて、誕生してからの初参り、七五三などは土地の氏神様で行うのが一般的です。元来、子どものお宮参りは、氏神にお参りして、その土地の一員になることを認めてもらうための儀式だったのです。

逸話篇に出てくる、「産土神は、人間を一に生み下ろし給いし場所である」とはどういう意味でしょう。

教祖は明治14年ごろから「こふきを作れ」と仰せになりました。現在いろいろな「こふき話」が残っていますが、それらの中によく出てくる一節があります。

「九億九万九千九百九十九人の子どもを、三日三夜に宿し込み、三年三月とどまって、大和の国、奈良、初瀬七里の間、七日かかって生み下ろし、残る大和を四日にわたって生み下ろし、山城、伊賀、河内三カ国を十九日かかって生み下ろし、残る国々を四十五日かかって生み下ろした。だからこの七十五日間を『をびや中』という」（現代語訳は筆者）

「産土神は、人間を一に生み下ろし給いし場所である」とは、この七十五日かかって生み下ろして回られた場所が、産土神、現在の氏神様になっている、という意味です。「残る国々」に外国も入っているでしょうから、世界中の参り所が「産土神」に準ずるものと考えてもいいでしょう。

そうなると、世界中の宗教がやはり一つの教え、「親神様の教え」に帰着するという意味がよくわかります。だから「産土の神に詣るは、恩に報ずるのである」ということになる。元始まりの際の親神様のお働きをちゃんとわかっていれば、どこにお参りしようと、そのお働きに感謝することになる、ということだと思います。

ですから私も、このご逸話で仰せになっている「恩に報ずるのである」という一文を、大変心強く思って氏神様のお祓いをつとめさせていただいているのです。思うに、いろんな教えが立教以前からあったわけで、それらも皆、親神様がお働きくださってお出しいただいた教えに違いないのです。特に氏神信仰などという日本に土着の信仰は、やはり親神様の大きな思召しがこもっていると考えていいと思います。

親神様は十のものなら九つまで、いろいろな方法で教えられました。あるときは宗教の形を取り、あるときは道徳という形を取りながら、人間としてあるべき姿を、その時代時代に合った形で広められたのだと思います。そしてなお明かされなかった最後《だめ》の一点を、天保9年の立教でお明かしになったわけです。親神様の教えは他宗教と対立するものではない。むしろ包括《ほうかつ》するものだということが、このご逸話から読み取れると思います。

「指一本ずつの如きものなり」のとらえ方

さて、逸話篇で天理教と他宗教に言及されているご逸話は他にもあります。

「逸話篇一〇　えらい遠廻わりをして」

文久三年、桝井キク三十九才の時のことである。夫の伊三郎が、ふとした風邪から喘息になり、それがなかなか治らない。キクは、それまでから、神信心の好きな方であったから、近くはもとより、二里三里の所にある詣り所、願い所で、足を運ばない所は、ほとんどないくらいであった。けれども、どうしても治らない。

その時、隣家の矢追仙助から、「オキクさん、あんたそんなにあっちこっちと信心が好きやったら、あの庄屋敷の神さんに一遍詣って来なさったら、どうやね。」と、すすめられた。目に見えない綱ででも、引き寄せられるような気がして、その足で、おぢばへ駆け付けた。旬が来ていたのである。

キクは、教祖にお目通りさせて頂くと、教祖は、

「待っていた、待っていた。」

と、可愛い我が子がはるばると帰って来たのを迎える、やさしい温かなお言葉を下された。それで、キクは、「今日まで、あっちこっちと、詣り信心をしておりま

した。」と、申し上げると、教祖は、

「あんた、あっちこっちとえらい遠廻わりをしておいでたんやなあ。おかしいなあ。ここへお出《い》でたら、皆んなおいでになるのに。」

と、仰せられて、やさしくお笑いになった。このお言葉を聞いて、「ほんに成る程、これこそ本当の親や。」と、何んとも言えぬ慕わしさが、キクの胸の底まで沁みわたり、強い感激に打たれたのであった。

「逸話篇一〇八　登る道は幾筋も」

今川清次郎は、長年胃を病んでいた。法華《ほっけ》を熱心に信仰し、家に僧侶を請《しょう》じ、自分もまたいつも祈禱していた。が、それによって、人の病気は救かることはあっても、自分の胃病は少しも治らなかった。そんなある日、近所の竹屋のお内儀《かみ》から、「お宅は法華に凝《こ》っているから、話は聞かれないやろうけれども、結構な神様がありますのや。」と、言われたので、「どういうお話か、一度聞かしてもらおう。」ということになり、お願いしたところ、お道の話を聞かして頂き、三日三夜《みっかみよさ》のお願いで、三十年来の胃病をすっかり御守護頂いた。明治十五年頃のことである。

それで、寺はすっきり断って、一条《ひとすじ》にこの道を信心させて頂こうと、心を定め、名前も聖次郎と改めた。こうして、おぢばへ帰らせて頂き、教祖にお目通りさせて頂いた時、教祖は、

「あんた、富士山を知っていますか。頂上は一つやけれども、登る道は幾筋もありますで。どの道通って来るのも同じやで。」

と、結構なお言葉を頂き、温かい親心に感激した。(後略)

二つのご逸話に共通して、教祖が仰せになっているのは、「ここへお出でたら、皆んなおいでになるのに」「どの道通って来るのも同じやで」というお言葉に表されるように、元の神、実の神である親神様が本元である、ということです。

ここで、「逸話篇一七〇　天が台」の「手に譬《たと》えば、指一本ずつの如きものなり」の部分について触れさせてください。というのも、私は刑務所の教誨師を務めており、他宗教の方と接する機会が多いのですが、そのときいつも思い出すのがこのお言葉なのです。

「逸話篇一七〇　天が台」

教誨師には、仏教系をはじめ他宗教の宗教家が大勢います。私はこの教えを「唯一無二」だと思っております。正直に告白すると、「天理教が本元なのだ」とばかり、少し「上から目線」で教誨師の仲間を見ていたように思います。しかし、これらの宗教家と交流を深めるうちに、私はだんだん自分の「上から目線」が嫌になりだしたのです。教えの部分について信仰信念がぐらついてきたという意味ではありません。

他府県の教誨師会ではあまりやらないらしいのですが、熊本県教誨師会の場合、毎月「例会」をもっています。教誨師会の行事連絡や、刑務所の職員との意見交換などに併せて「卓話」という時間があります。各宗派の教えを簡単に説明したり、自分の教誨のやり方を披露したり、社会問題に対して向き合う姿勢を発表したりと、内容は各教誨師に任されています。毎月、宗派ごとの持ち回りで開催しているのですが、これがとっても勉強になります。同僚の教誨師の宗教教誨の様子なども、この卓話でお互いに学ぶことができるのです。

たとえばキリスト教のある宗派では、きちんと毎回の教誨の内容をプログラム化しています。視聴覚教材まであります。1年間でキリスト教についてきっちり学べる課程を作っているのです。残念ながら天理教にはまだありません（現在、教誨マニュアルというものを作成中です）。キリスト教が教誨に携《たずさ》わってきた歴史の深さを知るとともに、教えを請《こ》うものに対する真摯《しんし》な姿勢を学びました。

また、私が卓話の当番に当たり、おたすけする際の「おさづけ」の取り次ぎについて解説し、「傾聴」「寄り添い」について語ったとき、ある僧侶が、

「それは『歎異《たんに》』の心ですね」

と感想を述べられました。

「歎異抄」に書かれている親鸞の心、という意味なのでしょうが、当時の私は歎異の心がなんたるかもわからずポカーンとするだけでした。しかし、他の僧侶たちは一様に「うんうん」とうなずいていました。

私が一生懸命時間をかけて説明したことが、わずか「歎異の心」という一言で共通の理解ができてしまう。仏教が我が国に伝来して一千五百年近く経ちます。その間に培われた歴史、文化の重み、仏教の奥の深さを垣間見たような気がしました。

私は天理教の及ばないところを嘆いているのではありません。確かに天理教は

「両手両指の揃いたる如きもの」であり、他の宗教は「指一本ずつの如きもの」であることに違いはありません。しかし、私が思い上がって見下していた他宗教の宗教家たちは、たとえて言えば、指一本で実に器用にいろんなことをこなしているのです。これが伝統や文化の力です。

それにひきかえ私たちはどうだろうか。すばらしき教理、すばらしきひながたを押し戴いているお互いです。しかし、ひょっとしたら両手両指が揃っていることに慢心し、努力を怠《おこた》ってあぐらをかいてはいないだろうか、そう考えたのです。もっとできるはずです。もっと教えを求める人たちに、真実を出せるはずです。

今でも時々、仏教やキリスト教など他宗教のことを軽く見るような発言をなさる方がおいでになります。他宗教の肩を持つわけではありませんが、私はそういうことは、少なくとも他宗教を少し勉強してから言うべきなのではないかな、と思っています。

「逸話篇一三〇　小さな埃は」

ガンの人に次々出直された日々

私が現在の教会に会長として赴任したのは、23歳と8カ月のときでした。右も左もわからず、講社祭りの仕方さえもよくわかりません。もちろん独身で、当時住み込んでおられた古い信者のおばあちゃんと二人分の食事を、自炊しながらの道中でした。

赴任したらいきなりガンの病人さんが二人いました。さっそくおたすけにかかったのですが、一人は程なくして出直されました。それからというもの、この35年間、ガンのおたすけが切れたことはありません。いつも誰かのガンと向き合っています。中にはガンをご守護いただいた方もいて、その方々は今でもご健在なのですが、悲しいことにほとんどの方は出直して行かれました。

20代、30代のころには、先輩先生方のおたすけ談を参考に、水をかぶったり断食をしたり、いろいろやりました。一日に米一合を鍋に溶いてお粥を作り、これだけを食べて数カ月暮らしたこともあります。理立てをするために、できるだけ生活を切り詰めて上級教会に運びました。シャワーが欲しかったのですが、そんなお金はありません。ホースの先に食器用洗剤の空きボトルをつけ、底に千枚通しで穴をいくつも空け、そこから水を出してシャワーとして使いました。

しかし状態は何も変わらず、通《かよ》っても通ってもガンの病人さんを次々に見送るだけでした。「自分は何をしにここに通っているのだろう」と病院の駐車場で考え込んだことも数知れません。

そんなとき、ある本部員先生の講話を拝聴する機会がありました。

「みなさん、病院に何度通っても、ガンはたすからないでしょう。でも、毎日おさづけを取り次ぎに行きますよね。

本当は家族だってあきらめているんですよ。でも『たすかります』と言って、それを信じて、車で来ては効能がないと毎日足を棒にして歩いて来たり、断食したり、水をかぶったりして通いますよね。

そして、ついに命が尽きると土下座して『私の真実が足りませんでした』と泣いてお詫びしますよね。家族ですらあきらめているのに、このお兄ちゃんは一生懸命たすかりを願ってくれている。死んだら自分のせいだと泣いて詫びている。その真実が、家族の心を動かすんですよ。そこから別席を運んでくれる人が生まれる、なんてことはよくあることなんです」

私は落ちる涙をぬぐうのも忘れて、ただありがたく聞き入っていました。

こういうお話を聞いた経験がありますと、次に挙げるご逸話も少し変わって聞こえてくるから不思議です。

「逸話篇一三〇　小さな埃は」

明治十六年頃のこと。教祖から御命を頂いて、当時二十代の高井直吉は、お屋敷から南三里程の所へ、おたすけに出させて頂いた。身上患《わずら》いについてお諭しをしていると、先方は、「わしはな、未だかつて悪い事をした覚えはないのや。」と、剣もホロロに喰ってかかって来た。高井は、「私は、未だ、その事について、教祖に何も聞かせて頂いておりませんので、今直ぐ帰って、教祖にお伺いして参ります。」と言って、三里の道を走って帰って、教祖にお伺いした。すると、教祖は、

「それはな、どんな新建ちの家でもな、しかも、中に入らんように隙間に目張りしてあってもな、十日も二十日も掃除せなんだら、畳の上に字が書ける程の埃が積もるのやで。鏡にシミあるやろ。大きな埃やったら目につくよってに、掃除するやろ。小さな埃は、目につかんよってに、放って置くやろ。その小さな埃が沁み込んで、鏡にシミが出来るのやで。その話をしておやり。」と、仰せ下された。高井は、「有難うございました。」とお礼申し上げ、直ぐと三里の道のりを取って返して、先方の人に、「ただ今、こういうように聞かせて頂きました。」と、お取次ぎした。すると、先方は、「よく分かりました。悪い事言って済まなんだ。」と、詫びを入れて、それから信心するようになり、身上の患いは、すっきりと御守護頂いた。

このご逸話は、「どんなに気をつけていても心に埃は積もるのだから、気をつけましょう」「ささいな埃だと油断しないで、払う努力を怠らないようにしましょう」という意味で引用されるご逸話です。

登場人物は高井猶吉先生。（以下引用以外直吉を猶吉と表記）

猶吉先生は、河内国志紀郡老原村（現八尾市老原）の生まれです。初めておぢばがえりをなさったのは12歳のときでした。それ以来、猶吉先生のおぢば通いが始まりました。桶屋に奉公に出たのですが1年で辞め、河内とお屋敷を往復する日々が続きました。お金がなくなると河内に戻って少しばかり稼ぎ、またそのお金を持ってお屋敷に詰める、という日々を19歳までお続けになり、秀司先生から、「猶《なお》さん、もうそんな遠い所へ帰らんとき。わしの食べるご飯半分ずつでもして食べたらええがな」（高井家資料）

と言われて、お屋敷に常駐するようになります。岡田与之助（のちの宮森与三郎）先生とともに、お屋敷青年勤め第1号でした。明治13年ごろのことです。

それから蒸し風呂の薪割りや宿泊者のお給仕、畑仕事、買い物などを日課とし、夕方には止宿届けを警察に持って行くという毎日を送られます。つねに教祖のおそばで仕えながら、親しく仕込みを受けられたのです。

猶吉先生は字が書けませんでした。でも、一度聞いた話は決して忘れなかったということです。教祖のお仕込みはいつも夜更けだったので、一言も聞き漏らすまいと、熱心にお聴きになりました。またわからないことがあると、おそばの先生に何度も何度も聞くので、「れんこん掘り」というあだ名が付きました。また、日々のつとめをぬって、おたすけに廻られました。明治16年には遠州（＝遠江・静岡県）に四人で布教に行かれています。

このご逸話は、そういう毎日を送っておられるときのご逸話です。南へ3里のところへおたすけに行かれた、とあります。おぢばから南へ12キロ、はどのあたりか。桜井駅でもまだ11キロです。おたすけ先はもっと南です。そこに教祖の御命でおたすけに行かれた。当時20代と書いてありますが、正確には満22歳。血気盛んな青年でした。

夜更けにお聞かせいただく教祖のお話。すっかり丸ごと暗記しておられたと思います。「惜しいと申しますは……」と、心の埃のお話を忠実に取り次がれたのだと思います。

ところが先方は、私は悪い心を遣ったことはないと怒るわけです。

心を開いていただく「真実」

悩み事の相談を受けているとき、「あいつが悪い」「あいつのせいだ」と繰り返される方がおいでになります。そこで「あなたにも原因があるんじゃないですか」と言ったとたん、「私が悪いと言うんですか！」と怒鳴られる経験は何度もしました。この逸話に出てくる人も、自分は悪くないと思っておられた。病気を拝んで治してくれたらそれでいいのです。

しかし猶吉先生は、その方の文句をお聞きになったあと、「今、直ちに」教祖に聞いてきます、と健脚を飛ばし、12キロを走って帰られた。そして教祖から聞かせていただいた話を、「直ぐと三里の道のりを取って返して」その人に取り次ぎに行っておられるのです。一刻も早く教祖からお聞かせいただいた真実の話を聞かせたかったでしょう。帰りも走られたとしたら、往復24キロのランニングです。ハーフマラソンよりも長い。

おたすけ先の方は驚かれたと思います。「もう帰ってきたのか」と。おたすけ先の方にすれば、「自分は悪くない」と思うほどの人ですから、それほど熱心にお話を聞かせてもらいたかったわけではないと思います。ちょっと怒って見せて、帰っていったから、厄介払いができた、くらいのことだったかもしれません。それが往復走って、なお「教祖はこうおっしゃいました」と話の続きをするのですから、その勢いと真実に驚かれたと想像するのです。

先ほどの本部員先生のお話を聞かせていただいていた私は、こう思いました。「よく分かりました。悪い事言って済まなんだ。」という言葉は、なるほど教祖の教えに感銘して出た言葉に違いない。しかし何割かは、この猶吉先生の馬鹿正直な真っ直ぐな心が言わせたのではないか。息を切らしながら「ただ今、こういうように聞かせていただきました。」と、目の前で私に告げているこの青年。ひたむきに教祖を慕い、自分のたすかりを願って、往復の道のりを走ってきてくれた青年。その誠真実の行動にも感銘された、それゆえの言葉ではなかったでしょうか。

私たちがおたすけに行って神様からご守護を頂戴する。もちろんそれは神様がお働きくだされた賜物《たまもの》です。しかし、同時にこういう話も聞くのです。

「あのときの会長さんの真剣な眼差しが忘れられません」

「会長さんが毎日通ってくだされた、その真実が忘れられません」

おたすけする側もされる側も、同じ親神様の子ども、すなわち人間です。その熱誠込めた行動が人の心を揺り動かす。相手のたすかりを念じる行動で初めて相手の心が動き、その真剣さのあまり「話を聞いてみようかしら」と、固く閉ざされていた心の扉がほんの少し開く。そこから神様の理のお話がすーっと入っていって、その人のご守護につながるのだと思います。

「一言のにをいがけは、人の運命を変える。それは、をやの声を聞く時、心の向きが変わるからである」（三代真柱様　諭達第三号）

まずは心を開いていただかないと、をやの声を聞いていただくことすらできません。そのための真実こそが、ようぼくのおたすけに臨む姿勢だと思います。

　さあ、今日も元気におたすけに出かけましょう。

「逸話篇一一八　神の方には」

教祖と力比べをした人々の年齢

若いころ、よく友人と腕相撲をしました。負けると悔しくて、もう一丁、もう一丁とかかっていったことを覚えています。力が強いということが人の値打ちを決めるのでもなく、また腕相撲に勝ったからといって、それが何の役に立つものでもないのに、負けると見下げられるような気がしたものでした。

さて、逸話篇を読み進めていくと、全部で200篇あるご逸話の中で、力比べをなさったご逸話がたくさん出てきます。

さて、教祖は、何のために力比べをなさったのでしょうか。

「逸話篇一一八　神の方には」

明治十六年二月十日（陰暦正月三日）、諸井国三郎が、初めておぢばへ帰って、教

祖にお目通りさせて頂くと、

「こうして、手を出してごらん。」

と、仰せになって、掌《てのひら》を畳に付けてお見せになる。それで、その通りにすると、中指と薬指とを中へ曲げ、人差指と小指とで、諸井の手の甲の皮を挾んで、お上げになる。そして、

「引っ張って、取りなされ。」

と、仰せになるから、引っ張ってみるが、自分の手の皮が痛いばかりで、離れない。そこで、「恐れ入りました。」と、申し上げると、今度は、

「私の手を持ってごらん。」

と、仰せになって、御自分の手首をお握らせになる。そうして、教祖もまた諸井の手をお握りになって、両方の手と手を摑み合わせると、

「しっかり力を入れて握りや。」

と、仰せになる。そして、

「しかし、私が痛いと言うたら、やめてくれるのやで。」

と、仰せられた。それで、一生懸命に力を入れて握ると、力を入れれば入れる程、

自分の手が痛くなる。教祖は、

「もっと力はないのかえ。」

と、仰っしゃるが、力を出せば出す程、自分の手が痛くなるので、「恐れ入りました。」と、申し上げると、教祖は、手の力をおゆるめになって、

「それきり、力は出ないのかえ。神の方には倍の力や。」

と、仰せられた。

ちょっとこのご逸話を読みながら、その通りに指を折ってみてください。その通りに指を曲げることすら容易でないことがおわかりになると思います。さらに教祖は、その指で手の甲の皮をつまみ上げて、しかもそれが離れなかった、とあります。とても人間業ではありません。

ここでクイズです。力比べをなさったご逸話は、全部でいくつあるでしょう?

正解は9篇です。ここに力比べに登場された先生方を年代順に記してみます。

①上田民蔵先生（六一　廊下の下を）／②平野辰次郎先生（六八　先は永いで）

③中川文吉先生（七五　これが天理や）／④山澤為造先生、良蔵先生（八〇

あんた方二人で）／⑤上原佐助先生（八一　さあお上がり）／⑥諸井国三郎先生（一一八　神の方には）／⑦高井猶吉先生、宮森与三郎先生（一三一　神の方には）／⑧土佐卯之助先生（一五二　倍の力）／⑨仲野秀信先生（一七四　そっちで力をゆるめたら）

この中で、病気上がりの先生は②の平野辰次郎先生くらいです。それでも当時24歳。すっかり元気になられて、においがけ・おたすけに励んでおられる状態です。残りの先生方は、病気どころか健康そのもの。しかも若い盛りの先生方です。①の上田民蔵先生は18歳。／③の中川文吉先生は嘉永元年生まれ。当時は32歳の男盛り。しかも「日頃力自慢で、素人相撲の一つもやっていた」文吉先生は、教祖の力比べの申し出に「苦笑を禁じ得なかった」と書いてあります。／④の山澤為造先生は24～25歳、良蔵先生はお兄さんですから少し上でしょう。／⑤の上原佐助先生は「三十代の血気盛りであった」と書いてあります。正確には31歳。／⑥の諸井国三郎先生は天保11年生まれですから、一番年上です。それでも当時43歳。／⑦の高井猶吉先生は文久元年生まれ。宮森与三郎先生は４歳年上の安政４年生まれ。当時22歳と26歳。／⑧の土佐卯之助先生は安政２年生まれ。当時29歳。しかも船乗り家業で鍛えに鍛えた頑丈な身体で力持ちです。⑨の仲野秀信先生は、嘉永5年生まれ。当時33歳。しかも「もと大和小泉藩でお馬廻役をしていて、柔術や剣道にも相当腕に覚えのあった」とあります。

さて、対する教祖はというと、最初に力比べをなさった明治11年当時、すでに満80歳。80歳ですよ。想像してみてください。80歳の女性と20代の力持ちの男性とが、引っ張り合ったり、手首の握り合いをしたりする様子を。

しかも教祖の方からすべて申し込んでおられるのです。ちょっと常識では考えられないことです。

「力比べ」のワケを探る

力比べではありませんが、人間業でない力をお見せになったご逸話もいくつかあります。代表例として一つ挙げておきます。

「逸話篇一三四　思い出」

明治十六、七年頃のこと。孫のたまへと、二つ年下の曽孫のモトの二人で、「お

祖母ちゃん、およつおくれ。」と言うて、せがみに行くと、教祖は、お手を眉のあたりにかざして、こちらをごらんになりながら、

「ああ、たまさんとオモトか、一寸待ちや。」

と、仰っしゃって、お坐りになっている背後《うしろ》の袋戸棚から出して、二人の掌に載せて下さるのが、いつも金米糖であった。

又、ある日のこと、例によって二人で遊びに行くと、教祖は、

「たまさんとオモトと、二人おいで。さあ負うたろ。」

と、仰せになって、二人一しょに、教祖の背中におんぶして下さった。二人は、子供心に、「お祖母ちゃん、力あるなあ。」と感心した、という。

註一　この頃、たまへは、七、八才。モトは、五、六才であった。

二　およつは、午前十時頃。午後二時頃のおやつと共に、子供がお菓子などをもらう時刻。それから、お菓子そのものをも言う。

もう一つ、二人同時に背負われたご逸話として、「逸話篇一九三　早よう一人で」があります。このとき背負われた二人は、梶本宗太郎先生と吉川万次郎先生

です。

もう一つ、力をお見せになったご逸話として、「逸話篇七〇　麦かち」があります。「麦かちの時に使う麦の穂を打つ柄棹《からさお》には、大小二種類の道具があり、大きい方は『柄《え》ガチ』と言って、打つ方と柄の長さがほぼ同じで、これは大きくて重いので、余程力がないと使えない。が、教祖は、高齢になられても、この『柄ガチ』を持って、若い者と同じように、達者にお仕事をして下された。」とあります。

注意していただきたいのは、これらの力を見せられたご逸話も、すべて教祖が80歳を超えられてからのお話であるということです。

さて、先ほどの9篇のご逸話をよく読んでみると、さらに2種類にわけられることに気づきます。

まず一つは「単に力比べ」のパターン。先ほどの丸数字でいえば、比較的古い①、②、④、⑤がそれに該当します。教祖のお力の強さに感嘆して、「人間業ではないなあ。成る程、教祖は神のやしろに坐《おわ》します。」（逸話篇八〇　あんた方二人で）で終わっているパターンです。

もう一つは、人間が力を入れたら教祖も力を返されたパターンです。先ほどの丸数字でいえば、割と時代が新しい③、⑥、⑦、⑧、⑨が該当します。たとえば「そっちで力をゆるめたら、神も力をゆるめる。そっちで力を入れたら、神も力を入れるのやで。」とか、「神の方には倍の力や。」とか仰せになっているパターンです。

最初は人間業でないなあ、ということで終わっていたご逸話が、後期になると「倍の力」を強調されているご逸話に変化しているのがわかります。

さて、今回のまとめです。これらのことからいったい何がわかるのでしょうか。もちろん、教祖は月日のやしろであられますので、普通の80歳の人間ではないということをお示しくだされたのでしょう。また人間が力を入れたら、神様も倍の力で返してくださることを、体験させたかったのでしょう。これは「はしがき」にも書いてあります。

でも、実は私は、力比べをなさったのが、「教祖が80歳を超えられてからである」ということよりも、「おつとめを急き込まれた時期と見事に重なっている」ということに意味があるのではないかと思っています。

つとめ場所のふしんが元治元年。おつとめの手振りをお教えくだされたのが慶応2年から明治8年。このころから官憲の弾圧が始まります。同じく明治8年にはぢば定め。そして明治10年、三曲の鳴物を教えられます。そして、官憲の迫害干渉がますます厳しさを増してくるのが明治11年ごろ。最初の力比べは、このころに行われています。教祖はつとめをお急き込みになる。しかし、人々はおつとめを躊躇《ちゅうちょ》するようになるわけです。そこで「力比べ」をなさったのではないでしょうか。力比べを体験した先生方、また目の当たりにした周りの先生方も、教祖はまことに神様であるという信念を強めたでしょう。この人間業ではできないことをなさる教祖が、おつとめを急き込まれるわけです。

私はここに「力比べ」を仕掛けられた教祖の、真の思召しがあるように感じます。

さらに最初は「なるほど、人間業ではない」ということを見せて、無条件におつとめをしなさいと、暗に仰せになります。しかし後期になると、さらに進んで「人間が力を入れたら、神の方には倍の力や」すなわち、「人間がしっかり心を定めておつとめをするならば、きっと倍の力で親神様もご守護をくださるのだよ」

ということを噛んで含めるように仰せになっているのだと思うのです。
私は、教祖の力比べはおつとめの急き込みと密につながっている、と思っているのですが、いかがでしょう。

（筆者註）年齢は原文に無いものはその年の満年齢です。

コラム〈同じタイトル・似たタイトルの逸話〉

力比べのお話と直接関係はありませんが、この力比べをテーマとしたご逸話で、全く同じタイトルのご逸話が二つあります。「神の方には」というご逸話です。
「神の方には」（一一八）
「神の方には」（一三一）
全く同じタイトルは、この二つしかありません。
また似たタイトルとしては、
「御苦労さん」（一四六）と
「御苦労さま」（一九五）
があります。
「人を救けたら」（四二）と
「人救けたら」（一六七）
も似ていますね。
「一粒万倍にして返す」（四）
「一粒万倍」（三〇）
も何となく。
「先は永いで」（六八）
「先を永く」（一三三）
これくらいでしょうか。
逸話篇のトリビア、でした。

「逸話篇一五九　神一条の屋敷」

音楽や絵の効用

私は、若いころからクラシック音楽が大好きで、中学生の時にベートーベンの「交響曲第九番」を聴いて、生まれて初めて音楽に涙を流しました。確か九州交響楽団という、決して一流ではない楽団で、しかもＦＭラジオをカセットレコーダーで録音して聴いたという、おもちゃのようなお粗末な環境だったと思います。

私が生まれ育った教会生活では、立派なステレオセットなど夢のまた夢で、ＦＭ放送を録音（当時エアチェックと言っていました）してカセットテープが伸びきるまで聴きました。また父が、信者さんのお下がりの家具調ステレオをもらってきてからは、友人からクラシックのレコードを借りてきて、よく聴いていました。

生まれて初めて聴いたクラシックの生演奏は、高校生の時でした。確かピアノのリサイタルで、イングリット・ヘブラーというオーストリアの女流ピアニストでした。バイトで稼いだ、なけなしの給料をはたいて、チケットを買って聴きに行った思い出があります。

演奏家と聴衆が同じホール内の空気を吸っている。目の前で叩く鍵盤から発せられる音が、空気の振動を通して直接自分の耳に届く。その臨場感はピアノのメロディーとともに私の心を揺り動かし、たいへんな幸せを感じました。

また大学生の時は、学生料金で一本が二百五十円というリバイバル専門の映画館によく通いました。「ひまわり」「慕情」「太陽がいっぱい」「カサブランカ」「愛情物語」など、古い名作映画と呼ばれる映画はこのときおおかた観ました。感動がこれほど日常生活を潤《うるお》してくれるものかと、深く思い知りました。

しかし、音楽を聴けば聴くほど、映画を観れば観るほど、私の心にトゲのようなものが刺さり、チクチク痛みました。それは、こういう逸話を知っていたからでした。

「逸話篇一五九　神一条の屋敷」

梅谷四郎兵衞が、ある時、教祖のお側でいろいろお話を承《うけたまわ》っていたが、ふと、

「ただ今、道頓堀に大変よい芝居がかかっていますが、」と、世間話を申し上げかけると、教祖は、その話を皆まで言わさず、

「わしは、四十一の年から今日まで、世間の話は何もしませんのや。この屋敷はな、神一条の話より外には何も要らん、と、神様が仰せになりますで。」

と、お誡《いまし》めになった。

実に短い逸話です。

さて、正直に打ち明けます。私は大変まじめな若者だったのでしょう。道一条になり、このご逸話を改めて拝読したとき、「ああ、これから芸術の舞台や映画を見ることは、一生できないのだなあ」と、あきらめにも似た思いを抱きました。実際、コンサートチケットは安くても数千円、一流の音楽家の場合は一万円を超えることもあります。映画にしても道専務の人間がたびたび観に行くのには、決して安くない費用がかかるのです。

それよりも何よりも、「神一条の話より外には何も要らん」という、教祖のお言葉そのものが痛烈でした。胸の奥に突き刺さりました。そして、美術や音楽を鑑

賞に行くことを否定した生き方に身を投じたのだ、と自分に言い聞かせました。事実、教会に赴任してしばらくはコンサートも映画も観に行きませんでした。

しかし私は、芸術から遠ざかり、どんどん心が鈍くなるたびに大切なものを見失うような気がしてきました。そして、芸術で心を豊かにしておくことが大切であると思うようになりました。この思いは、いろいろおたすけの経験が増えていくたびにどんどん強くなりました。ちょっとした相手の言葉や表情の変化を察知するためには、常に感受性を研ぎ澄ましておく必要があるように思えたのです。

たった一曲の音楽から人の心の果てしない優しさを感じ、たった一枚の絵から人の世の無常を知る。映画のワンシーンから泣きたいくらいの切なさを感じ、一幅《いっぷく》の書を見て心の奥深くから湧き上がる力をもらう。こういう経験は、人の苦しみや悩みを推し量り、共感的に理解する、すなわちおたすけをする上で欠かせないのではないかと思うのです。

私はいつしかこう思うようになりました。この梅谷四郎兵衛先生のご逸話は、決して娯楽や芸術を否定なさったご逸話ではないのではないか、と。

明治初期の大衆娯楽

ここで当時の大衆娯楽の状況について、少し触れておきます。

もちろん当時はテレビもラジオもありません。当時は寺社の境内などで上演される大道芸などが唯一の娯楽でした。また「辻芝居」「角芝居」というものもあったそうです。これらは、桂米朝などの上方古典落語を聞くと、詳しく描かれています。道の角に幔幕《まんまく》を張り、幕の前が舞台、後ろが楽屋という簡単な舞台装置で、四～五人の役者が、芝居の名場面などを再現しました。そしてお盆を回すと、そこに見物人がなにがしかのお金を入れる、というものだったのだそうです。

また都会に行きますと、常設の芝居小屋がありました。木戸銭という入場料を払って中に入ります。まさに「木戸」をくぐるだけに必要なお金で、比較的安い料金でした。

小屋の中には桟敷《さじき》が設けられており、そこは別料金でした。しかし、「追いこみ場」といわれるところからの立ち見は木戸銭だけで見ることができたので、今よりは芝居見物の垣根は低かったようです。落語にも、小遣い銭にも不自由するような丁稚《でっち》どんが、お使いの帰りにちょっと芝居小屋に入って芝居見物をする、などという場面が出てきます。

しかし、いずれにせよ、この逸話に出てくる「道頓堀の芝居」などは、こちらから出向いていって娯楽を求めるわけですから、わりと贅沢な娯楽であったと言えるでしょう。

このご逸話の状況は、「教祖のお側でいろいろお話を承っていた」梅谷四郎兵衛先生が、ふと、「ただ今、道頓堀に大変よい芝居がかかっていますが、」と、世間話を申し上げかけた、という状況です。

四郎兵衛先生は、大阪という都会で左官の棟梁を務めておられた方です。文化人としての一面を持ち合わせておられますし、芸能への造詣《ぞうけい》も深かったと思います。芝居見物にも慣れておられたかもしれません。最近の流行りの芝居くらいは見ておかないと、お得意さんとの会話にもついていけず、接客に不自由します。いわば、四郎兵衛先生にとって芝居見物は必要経費のようなものだったに違いないのです。

そういう気軽な気持ちで、つい芝居のことを口にされたのだと思います。しかし、教祖がそのときなさっていたお話は、神様のお話でした。ご自身「わしは、四十一の年から今日まで、世間の話は何もしませんのや。」と仰せられているとおりです。

私たちも似たような経験がないでしょうか。こちらが一生懸命お話を取り次いでいる最中に、相手が急に関係のない話をしだしたら、いかがでしょうか。逆に、相手から真剣な話を聞いている最中に、つい娯楽の話を差し挟んでしまったら、相手はどう思うでしょうか。

ご逸話の「教祖は、その話を皆まで言わさず」という一文に、教祖がそのとき見せられた厳しい表情が垣間見えるような気がします。神様の御用をする時間と娯楽とけじめをつけること、このことを教祖はお教えになったのではないかと思うのです。

ですから、世間の話が悪いというわけではないと思います。御用の時以外は世間の話もしていい。逆に世間のことを知ることは、世間の悩み苦しみを知ることにつながります。それは、おたすけをする対象を知ることですから、大切なことだと思います。

世間を知らない人には、世間の人をおたすけすることはできないでしょう。いや、逆に世間に対して共感的な理解を持てない人には、世間の方がたすけを求めないでしょう。また、心の健康のためには、時には娯楽で笑い転げることも必要かもしれません。笑う門には福来たる、笑いは百薬の長と申します。私たちは幸せだから笑うのではなく、笑うから幸せになるのです。

ましてや芸術で豊かな心を養うことは、必要なことだと思います。あまりにのめり込んで生活が成り立たなくなるのは困りますが、それは、神一条の生活を送っている人だけの問題ではなく、一般の人もそうだと思います。

そして、リフレッシュした心、芸術で養った豊かな感性、世間の知識と、共感的な理解をおたすけに活かす、つまり豊かな心で相手と理解し合いながら話をする。それが「世間の話」を「神一条の話」にすることだと思います。

余談になりますが、古典落語を聞くことは、江戸末期から明治の初年にかけての庶民の風俗を知る上で大変役に立ちます。たとえば「たちぎれ線香」という古典落語を聞くと、その当時の線香を立てて時間を計っていた様子が描かれています。そこから、教祖伝に出てくる辻忠作先生の、線香を立てて時間を計りながらおつとめをされた「つとめ短い」という場面がよく理解できます。

また「景清」という古典落語には、医者や薬で治らない難病の職人に対して「神仏のご加護にすがるように」と、ご隠居さんが諭す場面が出て参ります。当時の人たちが持っていた、ごくふつうの「やまい観」が見て取れます。

また、言葉でもそうです。上方の古典落語を聞いていると「去ぬ（いぬ）」「ずつない」「だんない」など、教祖伝や逸話篇、おさしづにたびたび出てくる上方方言がよく出て参ります。

ここはひとつ、落語でも聞いてリラックスしながら、肩の力を抜いて参りましょう。

大和神社の一件をめぐって

天理教最初のふしん・棟上げ翌日のこと

また、教祖伝から引用してみることにしましょう。今回引用するご逸話は、教祖伝第四章「つとめ場所」に出てきます。有名な「大和神社の一件」と呼ばれる事件のことが書かれているくだりです。

元一日にゆかりの十月二十六日、朝から教祖の御機嫌も麗《うるわ》しく、参詣人も多く集まって、棟上げも夕方までには滞《とどこお》りなく済み、干物の魣《かます》一尾宛《ずつ》に御神酒一、二升という、簡素ではあるが、心から陽気なお祝いも終った。山中忠七が、棟上げのお祝いに、明日は皆さんを自宅《うち》へ招待さして頂きたい。と、教祖に申上げると、教祖は快く許された。

翌二十七日朝、一同が、これから大豆越村《まめこしむら》へやらせて頂きます。と、申上げた

処、教祖は、

「行ってもよろし。行《ゆ》く道すがら神前を通る時には、拝をするように。」

と、仰せられた。そこで、人々は、勇みに勇んで大豆越村へ向って出発した。秀司、飯降伊蔵、山中忠七、芝村清蔵、栄太郎、久太郎、大西村勘兵衛、弥三郎、兵四郎、安女、倉女、弥之助の人々であった。

山口村、乙木村を左に見て進むと、間もなく行く手に、佐保庄、三昧田の村々が見える。尚も南へ進み、やがて大和《おやまと》神社の前へ差かかると、誰言うともなく、教祖が、神社の前を通る時は拝をして通れ、と仰せになった。拝をしよう。と、言い出した。そこで携《たずさ》えていた太鼓を、社前にあった四尺ばかりの石の上に置いて、拍子木、太鼓などの鳴物を力一杯打ち鳴らしながら、

「なむ天理王命、なむ天理王命。」

と、繰り返し繰り返し声高らかに唱えつづけた。

これを耳にした神職達が、急いで社前へ出て見るとこの有様なので、早速、中止を命じると共に、太鼓を没収した。

この日は、大和一国の神職取締り、守屋筑前守が、京都から戻って七日間の祈

禱をしている最中であった。由緒深い大和神社の社前で、卑俗な鳴物を用い、聞いた事もない神名を高唱するとは怪《け》しからん。お前達は一人も戻る事は相成らん。取調べの済む迄留めて置く。と、言い渡した。段々と取調べの上、祈禱の妨げをした。とて、三日の間、留め置かれたので、中には内心恐れをなす者も出て来た。

（教祖伝第四章）

飯降伊蔵先生ご夫妻の入信にともなって、お社の献納の申し出からとんとん拍子に話が進み、つとめ場所のふしんへと大きく動き出します。このつとめ場所のふしんは、天理教における最初の神殿ふしんといわれています。

（筆者註）この事件のことを「大和神社のふし」と書かれている書物もあります。矢持辰三先生の『教祖伝入門十講』や、道友社編『ひながた紀行　天理教教祖伝細見』などです。しかしおおかたの書物には、明治7年の、仲田、松尾両名に対し、「大和神社へ行き、どういう神で御座ると、尋ねておいで。」と仰せられたことに始まる「大和神社のふし」と区別する意味で「大和神社の一件」と書かれています。ここでもその例に倣います。

さて、その年の9月からかかったふしんは、めでたく10月に棟上げを迎えるわけです。決して予算的に余裕のあるふしんではなかったわけで、ここにも書いてあるとおり質素な棟上げでした。そこで山中忠七先生が、お祝いを自宅でやりたいと申し出られました。そのときのお話なのです。

「大和神社の前へ差かかると、誰言うともなく、教祖が、神社の前を通る時は拝をして通れ、と仰せになった。拝をしよう。と、言い出した。」

と教祖伝にはあります。「誰言うともなく」ですから、たまたま何かの弾みに誰かが言い出して拝をなさった、という様子が読み取れます。

「そこで携えていた太鼓を、社前にあった四尺ばかりの石の上に置いて、拍子木、太鼓などの鳴物を力一杯打ち鳴らしながら、

『なむ天理王命、なむ天理王命。』

と、繰り返し繰り返し声高らかに唱えつづけた。」

教祖伝はこう続きます。

太鼓や拍子木は何のために持っていたのか?

さて、このときの大和神社での「拝」が原因で、この後三日間の留置、さらに

科料となってみなさんひどい目に遭うわけですが、最初ここを読んで私は大変不思議に思いました。みんななぜ太鼓や拍子木などの鳴り物を持っておられたのか、ということです。

確かに教祖は、「行く道すがら神前を通る時には、拝をするように。」とは仰せになりました。しかし、拝をするのに鳴り物はいるでしょうか。ただ黙って柏手を打ち、頭《こうべ》を垂《た》れることが「拝をする」ということではないのでしょうか。どうして鳴り物を持っておられたのか、それが不思議に思えたのです。

前述の道友社編『ひながた紀行　天理教教祖伝細見』94ページには、「なぜ、大豆越に向かうのに、鳴物などのつとめの道具を携えていたのであろう。忠七宅でも、つとめをしようと携行していたのであろうか。」と疑問が提起されていますが、明確な答えは書かれていません。さらに一行の目的は棟上げの二次会です。二次会でわざわざおつとめをする必要があるのでしょうか。

ずっとこの疑問を抱えたままでいたある日、「あれは当時のカラオケだったんだよ」と教えてくださった先生がおられました。なるほど、それなら合点がいきます。お酒も入るでしょうし、賑やかなお囃子《はやし》にのって義太夫《ぎだゆう》や浄瑠璃をやる人も出てくるでしょう。「そのために持っていたのか」と一挙解決した、かのように思えました。しかし、調べていくうちにまた新たな壁にぶつかったのです。

このときの鳴物は、大和神社に没収されたのですが、そのときの没収品の目録を目にしたとき、私にはまたしてもある疑問が浮かび上がってきました。

目録は、「御請書」といって、慶応元年11月11日付の書き物です。大和神社の一件から1年が過ぎ、没収された鳴物を請け出す際の書類でした。差出人は秀司先生。文中に「おつとめ」について「馬鹿踊り」と書かされるなど、屈辱的な内容になっています。この書類は、『復元第32号』に収録されています。

それにはこう書かれています。

一、太鼓　壹（いち※筆者註）
一、鈴　壹
一、拍子木　七丁
一、手拍子　壹
一、すゞ　壹

鳴り物の点数を合計してみましょう。合計11個の鳴り物が書かれています。

ここでいう「手拍子」とは、現在のチャンポンのことです。さて、山中忠七宅に行った人の人数を数えてみましょう。
①秀司先生、②飯降伊蔵、③山中忠七、④芝村清蔵、⑤栄太郎、⑥久太郎、⑦大西村勘兵衛、⑧弥三郎、⑨兵四郎、⑩安女、⑪倉女、⑫弥之助。
同行した人の数12名。鳴り物の数11個。ほとんどの人が何かを持っているのです。何か音の鳴るものを手当たり次第に持って行く。こんなカラオケがありますか。うるさくて仕方ないでしょう。カラオケならせいぜい一種類ずつでいいと思います。多すぎるのです。

閑話休題。この目録に、

「一、鈴　壹」

「一、すゞ　壹」

と併記してあります。あれ？　と思いませんか。「鈴」と「すゞ」は違うのでしょうか。わざわざ漢字とひらがなで別々の表記をしているところを見ると、別のものだと推測できます。同じものなら、「一、鈴（あるいはすゞ）弐」と書くはずだからです。

私は二通りの解釈が出来ると思っています。まず一番目の解釈です。

「鈴に二種類あり、一つは神楽鈴、ひとつは馬子唄鈴だった」

当時の鈴というのは二種類ありました。一つは先が剣のようになって、つばのところに丸く鈴を配し、柄からは布の帛《ぬさ》を垂らした神楽鈴。もう一つは現在の楽器の鈴に似た馬子唄鈴。この二つを区別して書いた、という解釈です。

二番目の解釈は、

「『すゞ』は普通の鈴。『鈴』は『リン』と読んで、仏壇の前にある『お鈴《りん》』のことだった」

当時、どこの家庭にもふつうにあったお鈴《りん》を誰かが持って行った、という解釈です。

さて、どっちでしょうか。それともほかの答えがあるのでしょうか。私の興味は尽きません。

話を元に戻します。

鳴り物の目的がカラオケでもないとなると、全員が鳴り物を持っていた動機は一つしか考えられません。そうです。教祖から、

「行く道すがら神前を通る時には、拝をするように。」

と言われた瞬間、全員が「おつとめ」をする気だったのです。「拝」とは当時の人たちにとっては「おつとめ」だったのです。それほど、当時の方々は教祖を慕う、熱烈な信仰をお持ちだったのです。

後日、天理図書館で調べ物をしていた私は『山中忠七翁』という本の中に、「御教祖は『大豆越村へ行くのならこの太鼓を持っていって大和神社の前でおつとめをせよ』とおっしゃった」という記述があるのを見つけました。事実がどこにあるかわかりませんが、当時の人たちが、拝にとどまらずおつとめをする気であったことに間違いはないと確信しました。

おっと、「おつとめ」はこの2年後、慶応2年にならないとお教えくだされないのでは？　いえいえ、大丈夫です。この当時でも何らかの「おつとめ」がつとめられていた証拠が、教祖伝に記されています。

同じく第四章「つとめ場所」のところに、「越えて八月二十六日、おつとめが済

んで参詣の人々が去《い》んだ後」とあります。これは元治元年のことです。教祖が後でお教えくだされた、現在のみかぐらうたのおつとめではないにしろ、当時から何らかの「おつとめ」がつとめられていたことがわかります。

おそらく、この大和神社の一件の記述のように、

「『なむ天理王命、なむ天理王命。』

と、繰り返し繰り返し声高らかに唱えつづけた」

というつとめ方だったに違いありません。前述した『復元32号』にも、

「當時のお勤め　文句　たゞ『南無天理王命』と繰返へ〱唱へながら、拍子木をたゝいた」

と記載されています。

このふしんに関わった先生方の年齢は、ほとんど青年会員だったことは、以前に触れました。いずれにせよ、当時の先生方の勇み心とともに、熱心で一途な信仰姿勢が拝察されるご逸話だと思います。

「逸話篇七八　長者屋敷」

高校の頃の「幸せ談義」

高校生の頃、ふとしたことから友人と幸せ談義をやったことがあります。何をもって幸せとするか？　今から思えば青年らしい青臭い議論だったと思います。私は「お金だけが幸せじゃないと思う」と主張しました。私は教会で生まれ育っていますから、ふつうの家庭に比べるとお金は自由になりませんでした。「お金が幸せの条件だ」と言われると、全く幸せの条件を満たさないことになります。

私が生まれ育ったのは日本が高度経済成長のまっただ中の時代で、前回の東京オリンピックは私が4歳のときでした。所得倍増計画が始まり、一億総中流時代といわれるようになり、ちょうどこのころからカラーテレビが普及し始めました。

しばらくするとＶＨＦ放送にＵＨＦ放送が加わり、ＵＨＦコンバーターという装置を接続することでＵＨＦチャンネルも見られるようになりました。12チャンネルまでしか無かったチャンネルが、64チャンネルまでのＵＨＦ電波放送が始まったことによって、見ることができる放送局が増えたのです。

私が中学校に入るころになったら、カラーテレビがほとんどの家庭に普及しました。ニュースの解説場面などで、それまでは「グラフで青く見えている部分、白黒テレビをご覧になっている方は少し黒っぽい部分が……」などと二重に解説してくれていたのが、いつの間にか色の説明だけで終わるようになりました。

でも教会である我が家は、相変わらず信者さん宅のお古の白黒テレビ。ＵＨＦコンバーターもありませんでした。どこの教会もそうだったと思いますが、確か高校生くらいまではこの状態だったと思います。

そのころ私の地方ではアニメ番組「エースを狙え！」や「あしたのジョー」、「バビル2世」などはＵＨＦチャンネルで放映していました。そのため学校で「エースを狙え！」のライバル、お蝶夫人や「あしたのジョー」の矢吹ジョーの話題が出ても、私は会話についていくことができませんでした。これは今でもそうで、年代の近い人たちが懐かしいアニメの話題で盛り上がるとき、見ることのできなかったアニメの話題にはついていけず、ただ笑っているだけです。

ですから「お金が幸せの条件だ」というのは「お前は幸せになれない」と言われているように感じたのです。私の友人は、

「お前は苦労をしたことがないからそういうことを言う。生活するのに最低限のお金は、幸せにとって必要不可欠なのだ」

と言い張りました。友人が私の生活をどのように見ていたかは知りませんが、

「お前も教会に来ていっしょに暮らしてみろ」と心で思ったことを覚えています。

この「お金」と「幸せ」についてどう考えたらよいのか。教祖はそのものずばりのご逸話を残してくださっています。

「逸話篇七八　長者屋敷」

教祖が、桝井キクにお聞かせ下されたお話に、

「お屋敷に居《お》る者は、よいもの食べたい、よいもの着たい、よい家に住みたい、と思うたら、居られん屋敷やで。

　よいもの食べたい、よいもの着たい、よい家に住みたい、とさえ思わなかったら、何不自由ない屋敷やで。これが、世界の長者屋敷やで。」

と。

短いご逸話ですが、このご逸話には少し言葉の矛盾があるように思います。

ふつう、長者の暮らしというのはよいものを食べ、よいものを着て、よい家に住むことです。よいものを食べられず、よいものを着られず、よい家に住めないのであれば、それは不自由な暮らしと言います。

しかし教祖は「よいもの食べたい、よいもの着たい、よい家に住みたい、とさえ思わなかったら、何不自由ない屋敷やで」とおっしゃいます。ということは、「不自由」という言葉が表しているものが、私たちと教祖とでは違うのです。

私たちの理解する「不自由」は物に対する不自由です。教祖のお言葉の前段は、まさにこのことをおっしゃっている、と理解できます。「居られん」というのは、「お屋敷では物には不自由するよ」と仰せになっているのです。

しかし、後段の「不自由」は少しトーンが違います。これはもはや物や金の次元ではありません。確かに物には不自由する、しかしそれは人間の幸せにとってたいしたことじゃないんじゃないの、と価値観の転換を求めておられるように感じます。

幸福度を高める魔法のアイテム

幸せの要素とは何でしょう。いろんな人に聞いてみると「健康」と答える人が多いですね。また私の友人のように「不自由を感じない生活」という答えを返す人もいるでしょう。

今や日本人の平均寿命は世界トップレベルです。男性で3位。女性で2位となっています（2017年の統計）。言い換えれば世界で有数の健康な国民と言えるかもしれません。また、日本は現在のところ世界第3位の経済大国です。世界で3番目にお金持ちの国です。このように日本人とは世界でトップレベルの健康で裕福な国民なのです。

ところで、WHO（世界保健機関）が定めた「健康」の定義があります。WHO憲章の前文にはこう書かれています。

「健康とは、病気でないとか、弱っていないということではなく、肉体的にも、精神的にも、そして社会的にも、すべてが満たされた状態にあることをいいます」

（日本ＷＨＯ協会訳）

ところで、国連が毎年、いろんな国民の幸福度を調査したデータがあります。１５６カ国、各国民一千人を対象にしていると言われ、「所得」「健康寿命」「社会的支援」「自由」「信頼」「寛大さ」などを数値化して計算します。これほど健康で裕福な日本人ですから、さぞ幸福度は高いと思うでしょう。

あにはからんや、日本人は１５６カ国中54位！（国連世界幸福度ランキング２０１８／３／14）先進国では最下位です。他にそんなにたくさん幸せな国があるのかと疑問を抱く人も多いと思います。さすがにランキング上位には北欧の福祉国家群がずらっと並んでいますが、11位のイスラエル、13位のコスタリカ、22位のマルタ共和国、25位チリ、26位台湾、27位パナマ、28位ブラジルと見ていくと、日本の54位は少し意外に思えます。

でも考えてみたら、日本は長時間労働の国。満員電車で通勤し、自由の少ない組織でストレスと闘いながら働いて給料をもらっても、物価は高く、教育費、住宅費も安くありません。また将来に対して不安を抱えている人が多いのも日本人の特徴と言われています。年金問題、老後の生活不安、家族の形態の変化と介護の不安。こういう要素が幸福度を下げていると思われます。健康でお金があっても幸福感は薄い、それが日本人のようです。

それでは教祖のおっしゃる「世界の長者屋敷」とはどういうものでしょう。ご逸話をよく読んでいくと、答えが見つかります。

「よいものなんか食べなくてもいい、よいものなんか着なくてもいい、よい家になんか住まなくってもいい、〇〇さえあれば」

この〇〇が長者屋敷の本質ですね。しかもこの〇〇は、これさえあれば「何不自由ない」というスーパーアイテムでなくてはなりません。

さて、あなたなら何をここに入れますか。そんな魔法のようなものがあるのでしょうか。身体が健康でも不幸だと感じている人はたくさんいます。お金や物に不自由していなくても、自分は不幸だと思っている人もたくさんいます。それよりもっと大切なものがある。

私は、それは「感謝」だと思っています。

日本人に決定的に足りないのは、案外自分たちは恵まれているんだという〝気づき〟ではないでしょうか。考えてみたら日本ほど安全で過ごしやすい国はありません。現在のところ餓死する人はほとんどいません。幸福度ランキングの上位に位置している国だって、日本より貧しい国はたくさんあります。

まして私たちは親神様を信仰するお互いです。身体は親神様からの借りものであり、親神様の十全の守護があればこそ、健康が保たれていることを教えていただいています。また家族を始め人間お互いは、互いに立て合い助け合って暮らすことが大切であることを教えてくださっています。

この親神様に対する感謝、また周りの人に対する感謝、「足りている」ことに対する感謝を忘れない限り、「不自由」を感じることはありません。まさに「足るを知る」ということは、「不自由」だと思わないことだからです。

まさに感謝にあふれ、感謝に囲まれた生活こそ、最も不自由から遠い生活だと言えるでしょう。

「信仰なんて必要ない」「信仰していて幸せになれるなら苦労はない」などと口にする人が時々いますが、その反論として、ここに私たちがなぜ信仰しなければならないかの答えがあります。それは信仰とは、守られていることを知り、感謝する対象を知ることだからです。その感謝が「不自由」を消し去り、私たちの屋敷を「長者屋敷」に変えてくれます。これが世界の長者屋敷なのです。

神様に守られていると感じつつ生きること、家族の絆に感謝すること、人の思いやりに感謝すること、すべてのお与えに感謝すること。これらは信仰生活によって培《つちか》われ、成人すると共に増幅していきます。

「世界の長者屋敷」。それは、物や金のレベルを超えて、親神様のご守護を感じ、感謝しつつ、人と人が助け合って暮らす理想の世界であり、真の陽気ぐらしの世界である。そう言えるのかもしれません。

「逸話篇一四四　天に届く理」

共感的理解――教祖の「徹底した人間目線」

教祖のひながたを考えるとき、教祖が私たち人間に問いかけるために、あえて「徹底した人間目線」で話しかけておられると感じることがあります。

たとえば本席、飯降伊蔵先生が入信されたとき、「天理王命という神は、初めての事なれば、誠にする事むつかしかろ。」（教祖伝第三章）と仰せになっています。「天理王命という神様といっても、初めて聞く神様なので、信じることができないでしょう?」と仰せになっているのです。神様なのだから「言うことを聞きなさい」と上からものを言ってもいいはずなのに、最初は人間目線で「わからんやろ?」と優しく仰せになっている。こういう態度は心理学の「共感的理解」に通じます。カウンセリングの初期段階でカウンセラーがとるべき基本態度です。

これはおたすけの場面だけではなく、子育てなどでも活かすことのできる有効な手法です。相手が子どもだとつい頭ごなしに「○○しなさい」と言ってしまうことも多いですが、その前に、この共感的理解があると子どもにも親の言葉が入っていきやすくなります。

「疲れてるよね、ごめんね。でも○○して欲しいんだけどなあ」

「眠たいよね、でもそろそろ○○した方がいいと思うよ」

ちょっとした共感的理解が、相手の心を浮かせ、行動に結びつきやすくなるのです。ご逸話の中に他にもあります。

「信心していて何故、田も山も流れるやろ、と思うやろうが……」

「よう、帰って来たなあ。子供には重荷やなあ」

もっとあります。そういう目線で探してみてください。いろんな場面で、教祖が「共感的理解」の言葉を投げかけておられるのがわかります。ですから相手の目線で共感的理解を示すことは、立派にひながたをたどることになると思います。

「逸話篇一四四　天に届く理」

教祖は、明治十七年三月二十四日（陰暦二月二十七日）から四月五日（陰暦三月

十日）まで奈良監獄署へ御苦労下された。鴻田忠三郎も十日間入牢拘禁された。その間、忠三郎は、獄吏《ごくり》から便所掃除を命ぜられた。忠三郎が掃除を終えて、教祖の御前にもどると、教祖は、

「鴻田はん、こんな所へ連れて来て、便所のようなむさい所の掃除をさされて、あんたは、どう思うたかえ。」

と、お尋ね下されたので、「何をさせて頂いても、神様の御用向きを勤めさせて頂くと思えば、実に結構でございます。」と申し上げると、教祖の仰せ下さるには、

「そうそう、どんな辛い事や嫌な事でも、結構と思うてすれば、天に届く理、神様受け取り下さる理は、結構に変えて下さる。なれども、えらい仕事、しんどい仕事を何んぼしても、ああ辛いなあ、ああ嫌やなあ、と、不足々々でしては、天に届く理は不足になるのやで。」

と、お諭し下された。

鴻田忠三郎先生はなぜ入牢拘禁されたのでしょう。教祖伝をひもといてみます。

「逸話篇一四四　天に届く理」

「（明治十七年）三月二十三日、陰暦二月二十六日の夜十二時頃、突然二名の巡査が、辻忠作を伴《ともの》うてお屋敷へやって来た。

それは、同夜お屋敷へお詣りした忠作が、豊田村へ戻ろうとして、鎮守《ちんじゅ》の杜《もり》の北側の道を東へ急いでいた時に、この二名の巡査に行き会い、咎《とが》められたので、用事あって中山家へ参り居《い》まして、ただ今戻る処で御座ります。と答えたため、同人を同道して取調べに来たのである。

その時ちょうど、教祖のお居間の次の間に、鴻田忠三郎が居《お》り、其処《そこ》に御供《ごく》もあり、又、鴻田が古記《こき》と唱えて書いていたものもあったので、巡査は帯剣《サーベル》を抜いて、この刀の錆《さび》になれ。と言うて脅《おびや》かした。その上、翌日になると、御供と書きものを証拠として、教祖と鴻田を分署へ拘引しようとて、やって来た。」

（教祖伝第九章）

忠三郎先生は、ただ部屋で書き物をしておられただけなのです。それなのに翌日から10日間の拘留です。言い掛かりも良いところですね。忠三郎先生の入信は明治15年3月ですから、入信2年目です。

ここで、忠三郎先生について少し調べてみます。

大和の三老農――鴻田忠三郎

忠三郎先生は文政11年2月22日、南河内郡埴生村字向野で高谷家の四男として生まれました。5歳の時、奈良県磯城郡川東村大字檜垣（現天理市）の鴻田家に養嗣子としてお入りになっています。そして安政6年、守屋筑前守広治の姪と結婚されています。もちろんまだ関係者の誰も入信していないときです。不思議なご縁とはこのことでしょう。もっともこの守屋筑前守の姪は三人の男の子を産んで程なく出直し、忠三郎先生は、さき子夫人と再婚されました。

嘉永4年に年寄役、文久3年には庄屋と、村の重役を務められました。維新後も明治6年戸長、明治9年村惣代、明治11年川東村小学校学務委員と、地域の重要ポストを歴任されたほど村人らの信頼も厚く、まさに頭脳明晰、インテリの名士でした。

相当に勇気と正義感を強く持ち合わせた方で、庄屋時代には抜き身で暴漢と対峙したエピソードも残っています。

本業は農業で、地域でも篤農家《とくのうか》として知られていました。忠三郎先生は一般の研究者の論文に名前が出てくる、高弟の先生方の中でも群を抜いた有名人です。平成9年に発刊された『日本農法史研究』（大阪経済大学日本経済史研究所研究叢書）に「大和の三老農」の一人として何度も登場します。

忠三郎先生はこの当時、ある程度の学術論文も読めて、計算もできて、全国区で活躍された経験のある、農事通信員としての肩書きもある方です。今で言えば大学の農学部教授か農水省技官のようなお立場でした。

明治14年に大阪府から派遣され、新潟県勧農場に赴任されたときのエピソードが残っています。勧農場とは農学者を養成して県内外に派遣する高等教育機関です。

当時は文課勤務者が先にお風呂に入って、農課勤務者はあとで入るしきたりになっていました。農作業でついた汚れのために湯が汚れるからという理由でしょう。忠三郎先生は「わしは昔から他人の後湯なんぞ入ったことがない」と言って、職員の止めるのも聞かず先にお風呂に入られました。それから文課と農課で交代で入る決まりになったそうです。

その忠三郎先生が、入信した年の翌年早々新潟を去り、お屋敷で務めておられるときに、犯罪者として監獄に収監されるのです。初めての拘留も屈辱、その上さらに汚い便所掃除を命じられました。当然、今みたいな水洗トイレではなく、くみ取り式の便所です。

忠三郎先生は、世間に出たらまだまだいっぱしの教授、あるいは技官として迎えられる方です。人の後湯にも入らない方が監獄署の汚い便所掃除を命じられたのです。

それでも、もう信仰の道に入って2年。低い心で勇んで便所掃除を終えて帰って来られました。きっと心も晴れ晴れとしておられたことでしょう。そこにあえて教祖は「どう思うたかえ」とお尋ねになっています。

忠三郎先生は入牢も便所掃除も結構と思ってつとめられたのです。なんでも見抜き見通しの教祖は「あんたは、どう思うたかえ」とわざわざお聞きになって、忠三郎先生のこの行動を台に、後に続く者に大切な仕込みをされたかったのでしょう。このご逸話が残された場面は、教祖と忠三郎先生の二人だけしかいませんから、この逸話は忠三郎先生の思い出話です。

さて私たちはどうでしょう。何の落ち度もないのにひどい状況に置かれ、やりたくもないことを命じられるのです。「何で自分が」と思っても不自然ではありません。そうでなくても、私たちの日常の生活の中では「ああつらいなあ、ああ嫌やなあ」と思うことはしょっちゅうです。こういうときに、真面目な人ほど自分を責めます。

「ああ、また嫌だと思ってしまった」「またつらいと思ってしまった」

「まだまだ、自分は成人が足りないなあ」

そう思うことは実に結構なことですが、そのたびに落ち込んでいるようでは何のためのひながたかわかりません。

しかし、ご安心ください。教祖のお言葉をよく吟味してください。ここに、つい「嫌だな」「つらいな」と思ってしまう人間への共感的理解を見いだすことができると思います。

「どんな辛い事や嫌な事でも、結構と思うてすれば、天に届く理、神様受け取り下さる理は、結構に変えて下さる。」

「どんな辛い事や嫌な事」と仰せになっています。「つらかったな、嫌やったやろう？」と私には聞こえます。「人間なら誰でも嫌なはずだよね」と語りかけておられるように感じるのです。

ですから私たちも、最初は「つらいな、嫌だな」と思ってても良いのではないでしょうか。しかし、途中で「いやいや、結構と思ってつとめさせていただこう」と思い直せば、お受け取りいただく理を結構に「変えて」くださるのです。

このご逸話を、「どんなつらいことも喜びなさい」という意味のご逸話として理解すればハードルは高いかもしれません。しかし私は、なかなか成人できないでいる、つい不足が先に立つ私たちの心をよくご理解くだされている教祖が、人間の心を共感してくださりつつ、「結構と思ってつとめなされや。そうしたら不足の心も結構という理に変えてあげますよ」とお諭しくださっている、実に優しい親心にあふれたご逸話であると感じるのです。

「逸話篇三　内蔵」

うっかり見落としていた点

私たちは教祖のご逸話を、常日ごろ何気なく拝読させていただいております。しかし、視点を変え、切り口を変え、また歴史に照らし合わせて拝読させていただくと、また違った世界が広がってくるということを述べてきました。そこには新しい発見があり、何となく読んでいるだけでは気づかなかった教祖の大きな親心も隠されていて、私などは、なんだか人が見落としていった宝を発掘したような、得をしたような気分がしてうれしくなるのです。

さて、今回は「逸話篇三　内蔵」というご逸話を見ていきます。

「逸話篇三　内蔵」

教祖は、天保九年十月二十六日、月日のやしろとお定まり下されて後、親神様の思召しのままに内蔵にこもられる日が多かったが、この年、秀司の足、またまた激しく痛み、戸板に乗って動作する程になった時、御みずからその足に息をかけ紙を貼って置かれたところ、十日程で平癒《へいゆ》した。

内蔵にこもられる事は、その後もなお続き、およそ三年間にわたった、という。

この「内蔵」というご逸話も、私たちが大切な部分をうっかり読み流してしまいやすいご逸話だと思っています。タイトルも「内蔵」ですし、三年間内蔵にこもられたことだけが印象に残ってしまいがちだからです。

このわずか数行のご逸話で、私がうっかり見落としてしまっていた点は、二つありました。

まず一つ目のポイントは、「この年、秀司の足、またまた激しく痛み」という一節です。

天保9年10月26日は、他ならぬ立教の元一日であり、夜を日についで三日間の人間と神様との息詰まる問答の末、夫善兵衛様が「みきを（神のやしろに）差上げます」とご返答なさった日です。

この日を迎えるにあたり、親神様は前年（天保8年）から秀司先生の足に障《さわ》りを見せて、最初は通常の祈禱を三回、次いで寄加持を九回繰り返されています。この寄加持というのは、「憑坐《よりまし》（加持台）」に神霊を憑依《ひょうい》させ、神の言葉を語らせる「憑祈禱《よりきとう》」のことで、大変な手間とお金が掛かりました。教祖伝から引用します。

ただ近所の人々に集まってもらうだけではなく、一々酒飯を振舞い、又供養のため近在の人々に施米した。一回の費用は凡《およ》そ四百目かかり、軽い経費ではなかった　　（教祖伝第一章）

この四百目とは、銀400匁《もんめ》のことだといわれています。

（筆者註）二代真柱様の「第十六回教義講習会録」では、銅四百目のことではないか、とも書かれています。

当時の近畿地方（上方）は銀本位制で、貨幣に銀が使われていました。その銀400匁の貨幣価値は様々な説があります。16万円くらいと書かれている本もあ

りますし、もっと多いとする本もあります。（道友社刊『ひながた紀行』では24万円〜36万円）

江戸時代、金一両は銀60匁くらいでした。「くらい」と書いたのは、銀は秤量《ひょうりょう》貨幣、すなわち目方で価値が決まる貨幣でしたから、兌換《だかん》率に若干の変動がありました。仮に60匁として計算すると、４００匁は６・７両になります。このときの一両の価値が現在のいくらに相当するかで、寄せ加持に要した費用が変わるのです。一両を２万５千円と仮定すると16万７千円となります。天保年間の米の価格で置き換えると、米一石（二俵半）がだいたい一両。一俵を１万８千円と仮定すると一両は４万５千円。ですから、４００匁はおよそ30万円になります。

これ以上のことははっきりとはわかりませんが、いずれにせよ現代の約20万〜30万円というところでしょう。

一年後、秀司先生は足、夫善兵衛様は目、みき様は腰の悩みとなって、天保９年10月24日早朝の寄加持が始まるわけです。

親神様は「みきを神のやしろに貰い受けたい」と仰せになります。人間はいろいろ理由を並べて断り続けます。そして「このままでは（加持台になられている教祖の）一命の程も気遣われる様子になった」（教祖伝第一章）という状況に至って、ついに夫善兵衞様はあらゆる人間思案を断ち、一家の都合を捨てて「みき」を差上げます」とご返答なされたわけです。

さて、ここまで大変な思いをしたうえに、覚悟を決めて返答したわけですから、その原因となる秀司先生の足の悩みは一挙解決、となるのがふつうだと思うのです。しかし、なんと「その年」天保9年のうちに、立教からわずか2カ月以内にまたしても秀司先生に足痛が出るのです。しかも、前回は「駒ざらえ」（現在のレーキに似た農具の一つ）にすがって歩けたのですが、今回は「戸板に乗って動作する程になった」。つまり、余計にひどくなっておられます。

これは私もついうっかり見過ごしておりました。

これから世界いちれつをたすけ上げる「最期《だめ》のみ教え」を宣布なさろうとする過程での一コマであり、また特別な魂のごいんねんもおありになる秀司先生ですから、我々と同一次元で語ることは憚《はばか》られるのですが、これが親神様の、すべてを見通された上でのどうしても必要な足痛だったと気づきました。

私の言う二つ目のポイントとは、「御みずからその足に息をかけ紙を貼って置かれたところ、十日程で平癒した」という一節です。

天理教は「をびや許し」がよろづたすけの道あけとなって、教勢が格段に広がったのは事実です。そこから「おたすけ」も「をびや許し」が最初であろうと勘違いをしやすいのです。私もそう思い込んでいました。実は教祖のおたすけは、もっと以前、月日のやしろとなられた立教の直後、まだ貧のどん底に落ちきられる以前に、秀司先生を台にすでに始まっていることに気づいたのです。

家族に奇跡を見せた親神様の思い

この教祖のおたすけの始まりが記された文章は、教祖伝には出てきません。逸話篇に出て来るだけです。

この事実は、この後たいへん重要な意味を持つものとなると思います。というのも、このあと中山家は貧のどん底へと落ちきる道を急がれる。人間には理解不能の親神様のお急き込みが続くのです。財産の施しに始まり、施すものが無くなると、今度は母屋の取り毀《こぼ》ちに至ります。

中山家の皆様方にとってみたら、今まで優しかった妻、お母様が、聞いたこともない神様の思召しで理解不能の行動をとられるわけです。やはりご家族にとって不安がつきまとったと思うのです。事実、娘さんであるおまさ様とおはる様は、立教の時の様子を「頭から布団をかぶり、互いに抱き付いてふるえていました」（逸話篇一　お言葉のある毎に）と述懐されていますし、夫善兵衞様は、貧のどん底へと急がれる道中に、思い悩んだ末、

「ある夜、教祖の枕許に白刃をかざして立ち、涙ながらに、世間の人には笑われ譏《そし》られ、親族や友達には不付合いとなり、どうすれば宜《よ》かろう。憑《つ》きものならば退《の》いてくれ」（教祖伝第三章）

と迫られるわけです。

その時々に、ご家族にも親神様のお言葉があり、納得するようにお諭しにはなりますが、やはり秀司先生の足痛をたすけられたという「たすけの実」、つまり奇跡を目の当たりに見せられているということが、妻でありお母様であった教祖が、「もはや人間ではなく月日のやしろにおなりになった」ということへの大きな納得の材料になるように思うのです。

大変な事件が起こり、みき様が月日のやしろとおなりになりました。秀司先生からすれば、この親神様の天降《あまくだ》りを承知させることが足痛の原因ですから、足も治ると思われたでしょう。でも、実際は余計にひどくなったのです。

しかし結果として、立教直後に再発した足痛に教祖が息をおかけになったおたすけで、なるほど、お母様はもはや人間ではないのだ、姿は人間の形でも親神様のやしろにおなりになったのだ、と得心がいかれたのではないでしょうか。

そしてこの信念から、親神様の時々の諭しのお導きにより、お出直しになる明治14年まで、教祖とともに苦難の道中をお通りくださることになったのだと思います。

教祖と苦楽をともにされ、尊い人生を歩まれた秀司先生。私たちの生活に活かすという次元のご逸話ではないのかもしれません。しかし、その中からも私たちの人生に参考とさせていただける部分はあると思います。人間の思うたすかりは悩みがすっきり治ること。しかし親神様のご予定なさる守護の世界は遥か彼方にあるということです。

これに似たようなことも、私たちの身の回りにはたくさんあるのではないでしょうか。ですから私たちは「ご守護がいただけなかった」とうかつに口にしてはいけません。それは「自分にとって都合の良い」ご守護であって、親神様の思召される「本当のご守護」ではないかもしれないからです。

目の前の見えてくる姿に一喜一憂するのも、人間ならば仕方のないことですが、ここは一つゆったり大きく構えて、時の流れに身をゆだねて、先のご守護を楽しみに待つことも大切かもしれませんね。

「ずつない事はふし、ふしから芽を吹く。やれふしや〳〵、楽しみやと、大き心を持ってくれ。」

（明治27・3・5　おさしづ）

「逸話篇一三八　物は大切に」ほか四篇をめぐって

二種類のご逸話を混同してはいけない

私は教会長です。日常的に、いろんな人の相談に乗るのがご用です。その際に、教えに即した適切なお話をしたいと思ってひながたを学ばせていただいておりま す。そのために大変役に立つのが「逸話篇」で、うちの教会では毎日夕づとめのあとに拝読しています。もう30年以上続く習慣です。通算すればもう何十回読み返したでしょうか。

そして遅まきながら、今頃になって気づくことがあります。今回はその中の一つ、「ご逸話の中には、注意して拝読しないと、読み手に間違ったメッセージになって届くものが混じっているのではないか」ということについてお話しすることにします。

教祖は口に筆に、そしてひながたに人間の通るべき道をお示しになりました。

人間の立場に立って、こういうときにはこう通るのですよ、と実際に通って見せてくださり、私たちに手本をお残しくだされたのです。その一方で、今度は神様の立場に立って、何もわからない人間に対して、厳然たる理の世界をお示しくださったこともあります。これもひながたとしてご逸話に残されています。

私は、この二種類のご逸話を混同してはいけないと言いたいのです。「真似しなければいけないひながた」なのか、「そのまま真似ちゃいけないひながた」なのかということです。

「そのまま真似ちゃいけないひながた？　そんなものあるのか？」というぶかる方も多いでしょう。ちょっとわかりにくいと思いますので、具体的にご逸話を引用してみましょう。

「逸話篇一三八　物は大切に」

教祖は、十数度も御苦労下されたが、仲田儀三郎も、数度お伴《とも》させて頂いた。そのうちのある時、教祖は、反故《ほご》になった罫紙を差し入れてもらってコヨリを作り、それで、一升瓶を入れる網袋をお作りになった。それは、実に丈夫な上手

に作られた袋であった。教祖は、それを、監獄署を出てお帰りの際、仲田にお与えになった。そして、

「物は大切にしなされや。生かして使いなされや。すべてが、神様からのお与えものやで。さあ、家の宝にしときなされ。」

と、お言葉を下された。

このご逸話が教えてくれるのは、捨てるような物でも、最後の最後まで大切に活かしきることの大切さです。このひながたは、現代人ならば特に「真似るべきひながた」です。「神様からのお与えもの」に感謝し、活かして使う具体例を実際に見せてくださされたのです。ようぼくとしてあるべき姿をお教えくださされたご逸話であると言えると思います。

同じように、ようぼくとしてあるべき姿を、身を以て教えてくださるご逸話が他にもあります。

「逸話篇一二九　花疥癬《はなかいせん》のおたすけ」

明治十六年、今川聖次郎の長女ヤス九才の時、疥癬にかかり、しかも花疥癬と言うて膿《うみ》を持つものであった。親に連れられておぢばへ帰り、教祖の御前に出さして頂いたら、

「こっちへおいで。」

と、仰っしゃった。恐る恐る御前に進むと、

「もっとこっち、もっとこっち。」

と、仰っしゃるので、とうとうお膝元まで進まして頂いたら、お口で御自分のお手をお湿しになり、そのお手で全身を、

なむてんりわうのみこと　なむてんりわうのみこと　なむてんりわうのみこと

と、三回お撫で下され、つづいて、又、三度、又、三度とお撫で下された。ヤスは、子供心にも、勿体なくて勿体なくて、胴身に沁みた。

翌日、起きて見たら、これは不思議、さしもの疥癬も、後跡もなく治ってしまっていた。ヤスは、子供心にも、「本当に不思議な神様や。」と思った。

ヤスの、こんな汚ないものを、少しもおいといなさらない大きなお慈悲に対する感激は、成長するに従い、ますます強まり、よふぼくとして御用を勤めさして頂く上に、いつも心に思い浮かべて、なんでも教祖のお慈悲にお応えさして頂けるようにと思って、勤めさして頂いた、という。

これなどは、文中にそのまま出てくるように、「よふぼくとして御用を勤めさしていただく上に」参考にせねばならないご逸話です。なかなか真似のできないことですが、この親心を見習って、いつかは「真似るべきひながた」です。

それに対し、次のご逸話はどうでしょうか。

真似てはいけないひながたとは?

「逸話篇七　真心の御供《おそなえ》」

中山家が、谷底を通っておられた頃のこと。ある年の暮に、一人の信者が立派な重箱に綺麗な小餅を入れて、「これを教祖にお上げして下さい。」と言って持って来たので、こかんは、早速それを教祖のお目にかけた。

すると、教祖は、いつになく、

「ああ、そうかえ。」

と、仰せられただけで、一向御満足の様子はなかった。

それから二、三日して、又、一人の信者がやって来た。そして、粗末な風呂敷包みを出して、「これを、教祖にお上げして頂きとうございます。」と言って渡した。中には、竹の皮にほんの少しばかりの餡餅が入っていた。

例によって、こかんが教祖のお目にかけると、教祖は、

「直ぐに、親神様にお供えしておくれ。」

と、非常に御満足の体《てい》であらせられた。

これは、後になって分かったのであるが、先の人は相当な家の人で、正月の餅を搗《つ》いて余ったので、とにかくお屋敷にお上げしようと言うて持参したのであった。後の人は、貧しい家の人であったが、やっとのことで正月の餅を搗くことが出来たので、「これも、親神様のお蔭だ。何は措《お》いてもお初を。」というので、その搗き立てのところを取って、持って来たのであった。

教祖には、二人の人の心が、それぞれちゃんとお分かりになっていたのである。こういう例は沢山あって、その後、多くの信者の人々が時々の珍しいものを、教祖に召し上がって頂きたい、と言うて持って詣るようになったが、教祖は、その品物よりも、その人の真心をお喜び下さるのが常であった。

そして、中に高慢心で持って来たようなものがあると、側の者にすすめられて、たといそれをお召し上がりになっても、

「要らんのに無理に食べた時のように、一寸も味がない。」

と、仰せられた。

私たちがお供えを理解するときによく引用されるご逸話で、道友社制作のアニメにもなっています。さて、このご逸話は「真似るべき教祖のひながた」でしょうか？　もし「真似るべき教祖のひながた」だと解釈すると、少したいへんなことになります。仮に信者さんが持ってきたお供えが高慢心で持ってきたことが明白だとします。それを受け取った会長さん、

「ああ、そうかえ」

とぶっきらぼうに受け取ったらどうなるでしょう。この信者さんは怒って、場合によっては切れてしまうかもしれません。さらに、次の人が持ってきたお供えは「すぐに親神様にお供えしておくれ」と非常に喜んだらどうなるでしょう。お供えを受け取る態度に差をつけることにならないでしょうか。

言うまでもなく、どんな人でも徹底的につないで通るのがおたすけであり、ようぼくとしての姿勢でしょう。まして、高慢心でお供えを持ってくるような人であれば、絶対にこちらから切ってはいけないと思います。

教会にお与えいただいた信者さんは、親神様からの特別指名です。そういうほこりの心を遣いやすい人を、親神様はわざわざその教会に繋がれたのです。末永くおつき合いしながら、少しずつ真実に目覚めるよう導かせていただくのが、その教会につながるようぼくの務めでしょう。いつかは心を立て替えてくださる、と信じて、大きく抱きかかえて通るのが信仰者だと思うのです。

似たようなご逸話をもう一つ。

「逸話篇一四八　清らかな所へ」

斯道会《しどうかい》が発足して、明誠社へ入っていた人々も、次々と退社して、斯道会へ入る人が続出して来たので、明誠社では、深谷源次郎さえ引き戻せば、後の者はついて来ると考えて、人を派して説得しようとした。が、その者が、これから出掛けようとして、二階から下りようとしてぶっ倒れ、七転八倒の苦しみをはじめた。直ちに、医者を呼んで診断してもらうと、コレラという診立てであった。そこで、早速医院へ運んだが、行き着く前に出直してしもうた。それで、講中の藤田某が、おぢばへ帰って、教祖に伺うと、

「前生のさんげもせず、泥水の中より清らかな所へ引き出した者を、又、泥水の中へ引き入れようとするから、神が切り払うた。」

と、お言葉があった。

これとても、たとえどんな悪い人でも、死んでしまった人に対して、私たちが「神が切り払うた」などと言っては誤解を生じます。

これらの二つのご逸話は「真似るべきひながた」というよりは、「厳然とした神の思召し」をお示しくだされたものだと思います。

人間というのは神様にお供えする時は、このような誠真実をお供えしなければならないのですよ、という教え、また親神様の厳しいご意志とはかくなるものですよ、ということをわからしめるための教えをお残しくだされたのだと思います。

これらのひながたを通じて、私たちは、物や金でなく心を親神様はお受け取りくださるのだ、ということを学ぶことができますし、親神様の道を止めるようなことに対して、これくらい厳しい残念をおかけするのだ、ということも学ぶことができるのです。このことをきちんと整理して拝読しないと、メッセージが変わってしまう場合があります。

特に私たちは、知らず知らずのうちに「ご守護いただけないのは、あの人がこういう心でいるからだ」などと、おたすけ人としての真実の足りなさを棚に上げて、おたすけ相手を責めるような心を遣う場合があります。「あの人は高慢だからご守護いただけない」「あの人は神様から見て残念な人だからご守護がいただけない」「教祖の逸話篇にもあるではないか」などという考え方をするのは、この辺の整理ができていない証拠だと思うのです。

ご守護いただいたときは、相手の真実が天に届いたから。そしてご守護いただけないときは、おたすけする自分の方の真実が足りないから。そう思うのが、たすかりを願う人の常でなくてはなりません。

このことを端的に仰せになっているご逸話もありますので、最後にそのご逸話を引用します。

「逸話篇一九六　子供の成人」

教祖の仰せに、

「分からん子供が分からんのやない。親の教が届かんのや。親の教が、隅々まで届いたなら、子供の成人が分かるであろ。」

と、繰り返し繰り返し、聞かして下された。お蔭によって、分からん人も分かり、救からん人も救かり、難儀する人も難儀せぬようの道を、おつけ下されたのである。

「逸話篇六三　目に見えん徳」

二者択一の質問か？

今日も新聞にはさまったお店のチラシには、たくさんのお買い得情報が載っています。日用品、食材などの生活必需品から、あったら便利だろうなと思うような電化製品、前から欲しかった洋服や靴など。それらを見ているだけで楽しいものですし、どれもこれも欲しくなってきます。

私たちは、物に囲まれて暮らしています。物が私たちの生活を豊かにしてくれますし、生活にゆとりを生み出してくれる道具もあります。

さて、私たちが物を購入する場合、優先順位を決めると思います。生活必需品は何はさておき第1位です。次は壊れかけている道具や痛んでしまった衣服などでしょうか。子どもさんがおられるご家庭では子ども用品でしょうか。

教祖が、このほしいものの順位をストレートにお尋ねになっているご逸話があります。

「逸話篇六三　目に見えん徳」

教祖が、ある時、山中こいそに、

「目に見える徳ほしいか、目に見えん徳ほしいか。どちらやな。」

と、仰せになった。

こいそは、「形のある物は、失うたり盗られたりしますので、目に見えん徳頂きとうございます。」と、お答え申し上げた。


たった五行のご逸話、このわずか五行の奥にどういう世界が広がっているのでしょうか。それを考えるためには、もし自分が同じ質問を受けたら、と想像するのが良いと思います。

「目に見える徳ほしいか、目に見えん徳ほしいか。どちらやな」

さあ、あなたなら何と答えますか？　「目に見える徳をください」と言いますか？　それとも即座に「目に見えん徳」とお答えになるでしょうか。

私は、正直ここで「うーん」と考え込んでしまいます。「目に見える徳」がほしいと答えることは、いけないことでしょうか？　なぜ、私が「うーん」と考え込んでいるのか、少し私の心の中をご覧いただきたいと思います。

このご質問を、目に「見える徳」と「見えない徳」の二者択一だと考えると、誰でも私のように「うーん」となるのではないでしょうか。だって二者択一ならば、「目に見える物やお金」の方がほしいです、と答えることは「目に見えない健康や運命」は、それより価値が劣ります、ということになりますし、逆に「健康や運命」の方がほしいです、と答えることは「物や金」の方が価値が低いです、ということになります。

これでは誰でも「うーん」と考え込んでしまうことになるでしょう。

さて、そもそも「目に見える徳」「目に見えん徳」とは何なのでしょうか。二者択一で選べるものなのでしょうか。

私は、この教祖の問いかけは二者択一ではなく「お前さんには、親神様のご守護の本質が見えていますか」という問いかけのように感じています。

ご守護の優先順位

せっかく新しい家を建てても、その直後に入院し、結局その家に住めない人もいます。新しい車を買ったのに、保証人倒れのために車を手放さなければならない人もいます。目に見える徳を活かす、あるいは身につけるためには、健康や巡り合わせなどの目に見えない徳が必要なのではないでしょうか。

私たちの周りには、見えないけれど大切なものがたくさんあります。空気は見えません。電気も見えません。電波も見えません。しかしどれも大変重要なものです。私たちは案外多くの見えない大切なものに囲まれて生活しています。

よく世間では「人との出会いは運と縁」という言い方をします。この「運」や「縁」も目には見えない。「人の心」も見えないけれど、これをおろそかにしたら確実に不幸になります。「運や縁」「巡り合わせ」「思うようにならない人の心」などに苦しんで、世をはかなんでいる人の何と多いことか。

そして神様のお姿も見えません。私たちの健康をお守りくださる様子も、自然をお恵みくださる様子も、直接見ることはできません。

考えてみるとすべての目に見える徳は、目に見えない徳に支えられていることに気づきます。大木という目に見えるものが立っていられるのは、目に見えない根っこが支えているからです。

「会社で抜擢《ばってき》されて仕事を任され、見事成功して給料が上がった」という人のことを考えてみましょう。まずは健康な体をお借りして通勤できていること、そして同じ仕事をしている仲間の中から抜擢されたこと、ここまでが「目に見えない徳」のおかげで、その先の給料が上がるというのが「目に見える徳」の世界と言えるのではないでしょうか。

ご守護の優先順位は、「目に見えん徳」が先なのです。「目に見えん徳」に支えられているからこそ「目に見える徳」が生きてくる。そして、「目に見えん徳」に支えられていない「目に見える徳」は、根無し草のようなものですから、失うたり盗られたりするわけです。

本文中の、こいそさんのセリフ「形のある物は、失うたり盗られたりしますので、目に見えん徳頂きとうございます。」は、ある言葉を補って読むと、その意味がはっきりすると思います。つまり、「形のある物は、（目に見えん徳がないと）

失うたり盗られたりしますので、目に見えん徳頂きとうございます。」というふうに、です。単刀直入に言えば、目に見えん徳というのは「与えを身につけることのできる徳」ではないでしょうか。

信仰すれば結構になるのです。それは与えが身につく徳をいただくからです。教祖は「難儀しようと言うても、難儀するのやない程に。」（逸話篇三六　定めた心）と仰せになっています。子どもかわいい「をや」の心は与えをやりたい心なのです。「神の道について来るのに、物に不自由になると思い、心配するであろう。何んにも心配する事は要らん。」（逸話篇一五　この物種は）とも仰せになっています。ただし、それを身につける徳、となると話は別で、自分で積んでいくしかないと思うのです。

ところで、「目に見えないものがほしい」とお答えになった山中こいそさんの心の中を想像してみましょう。

実は「目に見えないものがほしい」と言うことは、大変勇気のいることなのです。なぜなら、「目に見えないものの存在」を信じていなければ、それは何ももらわないのといっしょだからです。目に見えるからこそ、もらったという実感が湧きます。「あなたの愛がほしい」なんて言ったって、結局その表現は目に見える形を伴うのです。

こう考えていくと「目に見えないものがほしい」と答えるためには、確たる信仰に基づいた、よほどの信念が必要になることがわかります。

みかぐらうたの九下り目二ツを思い出してください。

ふじゆうなきやうにしてやらう

かみのこゝろにもたれつけ

このときの「もたれつけ」のお手はどう振るか。両手を「なんぎ」の手にして、重心を真後ろにもたせかけるのです。神様にもたれるとはこういうことです。真後ろの見えない世界にもたれる。人間の目で前や横に「見えているもの」にもたれかかることは誰にでもできます。しかし、真後ろにもたれかかるのは大変な勇気がいります。もし後ろに何も無かったら？　などと疑い出すと、もうダメです。

世間には「信仰とは現実からの逃避である」などと言う人がいます。これはとんでもない考え違いです。目に見えない、確実にあるとすらわからないものにもたれる、すなわち自分の全存在を委《ゆだ》ねるわけです。他の宗教は知りませんが、少なくとも「天理教」を信仰する人たちは、現実から逃避して、苦しいことや困ったことだけを神様に助けてもらおうというような、弱い心の持ち主なんかでは決してありません。

むしろかけがえのないたった一つの自分の人生を、目には見えない親神様の定規に合わせる決心をした、勇気と固い信念を持ち合わせた人たちだと思うのです。

ここで、山中こいそさんがお返事なさった場面をもう一度読み返してください。いかがでしょう。文章のリズムから、気持ちよいくらいにきっぱりと、即座に「目に見えん徳、頂きとうございます」とお答えされている光景が浮かびませんか。

私は、こう即座にお答えになったこいそさんの信仰の深さにも感銘します。さすがとしか言いようがないと思います。私のように「うーん」などと考え込む優柔不断さは感じられないのです。

ふつうご逸話には、あと話が付随しているのが一般的です。「このお話を承って○○は心から感銘した」とか「教祖はそれをお聞きになって○○とおっしゃった」とか。しかし、このご逸話にはあと話がありません。こいそさんがお答えになった場面で終わりです。おそらく、このあと教祖のお言葉は無かったのでしょう。

しかし、私の空想の世界では、このこいそさんのお答えをお聞きになったあとの、教祖の何とも言えない満足げな微笑みが目に浮かんできます。

〝そうそう、やはり気づいていましたか。見えないものの尊さ、ありがたさに……〟

うなずきながらニコニコなさっている教祖のお姿が目に浮かぶのです。

「逸話篇一二二　理さえあるならば」

お道の御用か社会の用事か

私はかつて市の教育委員をつとめ、現在は熊本刑務所の教誨師やその他いただいたいろんな役を、社会へのご恩報じのつもりで一生懸命果たしているのですが、時にはお道の御用とぶつかることもあります。たいていは御用の方を優先させるのですが、時にはどうしても代役のきかない場面に遭遇し、心を悩ませることもあります。

そんなとき、よくこの桝井伊三郎先生のご逸話にたすけられました。

「逸話篇一二二　理さえあるならば」

明治十六年夏、大和一帯は大旱魃《だいかんばつ》であった。桝井伊三郎は、未《ま》だ伊豆七条村で農家をしていたが、連日お屋敷へ詰めて、農作業のお手伝いをしていた。すると、家から使いが来て、「村では、田の水かいで忙しいことや。村中一人残らず出ているのに、伊三郎さんは、一寸も見えん、と言うて喧《やかま》しいことや。一寸かえって来て、顔を見せてもらいたい。」と言うて、呼びに来た。伊三郎は、かねてから、「我が田は、どうなっても構わん。」と覚悟していたので、「せっかくやが、かえられん。」と、アッサリ返事して、使いの者をかえした。が、その後で、思案した。「この大旱魃に、お屋敷へたとい一杯の水でも入れさせてもらえば、こんな結構なことはない、と、自分は満足している。しかし、そのために、隣近所の者に不足さしていては、申し訳ない。」と。そこで、「ああ言うて返事はしたが、一度顔を見せて来よう。」と思い定め、教祖の御前へ御挨拶のために参上した。すると、教祖は、

「上から雨が降らいでも、理さえあるならば、下からでも水気を上げてやろう。」

と、お言葉を下された。

こうして、村へもどってみると、村中は、野井戸の水かいで、昼夜兼行の大騒動である。伊三郎は、女房のおさめと共に田へ出て、夜おそくまで水かいをした。

しかし、その水は、一滴も我が田へは入れず、人様の田ばかりへ入れた。

そしておさめは、かんろだいの近くの水溜まりから、水を頂いて、それに我が家の水をまぜて、朝夕一度ずつ、日に二度、藁《わら》しべで我が田の周囲へ置いて廻わった。

こうして数日後、夜の明け切らぬうちに、おさめが、我が田は、どうなっているかと、見廻わりに行くと、不思議なことには、水一杯入れた覚えのない我が田一面に、地中から水気が浮き上がっていた。おさめは、改めて、教祖のお言葉を思い出し、成る程仰せ通り間違いはない、と、深く心に感銘した。

その年の秋は、村中は不作であったのに、桝井の家では、段《たん》に一石《こく》六斗《と》という収穫をお与え頂いたのである。


このご逸話は、私たち社会の中で暮らすようぼくが避けては通れない問題、つまり御用をとるか、重要な社会の用事をとるかという実に悩ましい選択に対して、どう考えたらよいかの思案を示してくれるものだと私は思っています。

2009年（平成21年）の5月から裁判員制度が施行されました。もし裁判所から通知があった日が、お道の御用と重なったらどうするか。ようぼくとして大切な御用をとるか、国民の義務を果たすか、実に悩ましい問題です。そのほかにもあると思います。

男と女の違いが出た場面

さて、ご逸話を具体的に見てまいりましょう。

昔から、干ばつや洪水などの天災は農作業の大敵でした。日ごろはもちろん自分の田んぼだけの世話をしていればよいのですが、いったん天災に見舞われたときは、村中で助け合って作業をしたのです。

こういう風習は、今でも地方には残っていて、夫役《ぶやく》、公役《くやく》などと呼ばれ、公園の草刈りや砂利道の修理などの仕事を住民が総出でやります。不参加者からは、お金を取るところが一般的です。ぶせん（賦銭）・でぶそく金（出不足金）・みしん金などと呼んでいます。私の住んでいるところには、こういう習慣がまだ残っています。

ご逸話の場面は、干ばつの一大事です。村中総出で溜め池や井戸から水をくみ、田んぼに運ぶのです。

調べてみると、この年（明治16年）は、大和では約80日間雨が降らなかったそうです。記録によりますと、明治16年9月、唐院村（現・奈良県磯城郡川西町唐院）の福西新太郎らが、干ばつによる不作のため地租納入の延期を求める嘆願を行っています。また和歌山48カ村では、河川の分水をめぐり大騒乱が起きたと記録に残っています。

おつとめをつとめた人が、ご守護によって突然降り出した雨にずぶ濡れになったまま拘引《こういん》されたという、有名な「雨乞づとめ」事件も明治16年8月15日ですから、この干ばつの時の出来事でした（教祖伝第九章）。

「大和豊年米食わず」という言葉が残っています。大和にちょうど良い量の雨が降って豊作になった年は、他の地域では降り過ぎて凶作になり、結局米が足りなくなるという意味です。それほど大和地方の水不足は深刻な問題だったのです。

こんな中、我が田はどうなってもかまわん、と自分の都合を捨ててお屋敷のためにお残りになろうとする桝井伊三郎先生でしたが、思い直して結局、村の用事に出かけられました。その動機は「自分は満足している。しかし、そのために隣近所の者に不足さしていては申し訳ない」ということ。つまり信仰の信念を貫くために村の用事に出て行かないということが、結果として信仰に対して村から誤解を受け、白い目で見られかねないということでした。

「村中一人残らず出ているのに、伊三郎さんは、一寸も見えん、と言うて喧《やかま》しいことや」という言葉の裏には、かなり厳しい村人たちの批判があったことが容易に想像できます。ですから、伊三郎先生は決して積極的に水かいに参加しようとなさったのではないのです。「一度顔を見せて来よう」と書いてあるとおり、仕方ないので一度は顔を出して帳面を消せば良いという程度のことでした。しかし、ご挨拶に行かれた場で教祖は「行かなくても良い」とはおっしゃらず、かえって「下からでも水気を上げてやろう」とおっしゃっています。むしろ「行ってきなさい」と背中を押された、と言えるのではないでしょうか。

ここにいたって、伊三郎先生の腹は決まりました。「我が田はどうなってもよい」という心にいささかもブレはありません。一途に「人様のため」というお気持ちだったのでしょう。

村に帰って、伊三郎先生はひたすら人の田んぼに水を運び入れられます。これは伊三郎先生にとって当然のことでした。もし、自分の田に一滴でも水を入れたら、お屋敷の御用より自分の都合を優先したことになるからです。「下からでも水気を上げてやろう」というのは、あくまで人様の田んぼの下からということですね。人様のたすかりをひたすら願っておられたに違いありません。

しかし、おもしろいことに奥さんのおさめさんは少し違うのです。「かんろだいの近くの水溜まりから、水を頂いて、それに我が家の水をまぜて、朝夕一度ずつ、日に二度、藁しべで我が田の周囲へ置いて廻わった」わけです。

ここに私は男と女の違いを感じます。理想主義と現実主義とでも言いましょうか。「我が田はどうなってもよい」と思っておられる伊三郎先生と、自分の田も含めてみんなでご守護をいただきたいと思っておられるおさめさんの違いではないでしょうか。

同じご夫婦のご逸話にこういうお話もあります。

「逸話篇一三七　言葉一つ」

教祖が、桝井伊三郎にお聞かせ下されたのに、

「内で良くて外で悪い人もあり、内で悪く外で良い人もあるが、腹を立てる、気儘癇癪《きままかんしゃく》は悪い。言葉一つが肝心。吐《つ》く息引く息一つの加減で内々治まる。」と。又、

「伊三郎さん、あんたは、外ではなかなかやさしい人付き合いの良い人であるが、我が家にかえって、女房の顔を見てガミガミ腹を立てて叱ることは、これは一番いかんことやで。それだけは、今後決してせんように。」

と、仰せになった。

桝井は、女房が告口《つげぐち》をしたのかしら、と思ったが、いやいや神様は見抜き見通しであらせられる、と思い返して、今後は一切腹を立てません、と心を定めた。すると、不思議にも、家へかえって女房に何を言われても、一寸も腹が立たぬようになった。

このご逸話が、ご夫婦の性格を表すご逸話として、干ばつ事件のことを考える上では参考になるような気がします。

このご逸話は干ばつ事件の後です。つまり伊三郎先生は「女房が告口をしたの

かしら」と思われたように、まだ干ばつの時点では女房の顔を見てガミガミ言う方であり、「女房に何を言われても、一寸も腹が立たぬようになった」とあるように、おさめさんも結構ご主人に率直にものを言うタイプの方だったことがわかります。言い方を変えれば、風通しのよいご夫婦だったのですね。

「おまえ、何をしとるんや！　わしとこの田はええんや！」「そやかてあんた、このくらいさしてもろてもええやろ！」――私の想像の中では、そんな夫婦漫才のような会話が聞こえてきそうな気がして、ほのぼのとした気持ちになるのです。

そして、結果としては伊三郎先生の田んぼに下から水気が上がって、その年の秋には豊かな稔《みの》りが訪れたわけです。一反に一石六斗とあります。しめて16斗。一俵は四斗ですから四俵ということになります。

さて、この場合の「下からでも水気を上げて」くださる条件とは何か。それは「理さえあるならば」という一言に表現されていると思います。

伊三郎先生ご夫妻は、日頃しっかりと親神様につながり、誠の心で御用を一心につとめておられました。そういうようぼくらしい生活態度のまま社会と向き合うとき、そこに「理」が生まれ、常識では考えられないような働きが生まれてくるのです。私は、ここにようぼくが社会と向き合う際の重要な心構えがあると思っています。

裁判員制度に代表されるように、時にはお道の御用を犠牲にして、社会の用事に参加せねばならないこともあると思います。国民の義務である以上、簡単に断ることもできません。ですから、このご逸話をしっかりと味わっておくことが大切だと思います。「理さえあるならば」――日ごろ心のほこりを払い、心を澄ます努力を続けながら、信仰に真摯《しんし》に向かい合うことが肝心です。

そして「我が田はどうなってもよい」すなわち、自分のことを後回しにして人様のことを思い、社会の用事をひのきしんの態度でつとめきることが大切なのではないでしょうか。そうすれば何も心配は要りません。その「理」が働いて、きっとようぼくらしい御用が果たせますし、社会の方もあなたを「なるほどの人」として見てくださるのではないかと思います。

「逸話篇一〇四　信心はな」

逸話篇に一貫して流れているテーマとは?

本書は、主に『稿本天理教教祖伝逸話篇』を題材に、ご逸話を一つひとつ取り上げて細かく読み込み、ほかのご逸話との関連などを含めて、ああだ、こうだと書かせていただいてきました。私個人が気づいた新たな発見とか、ふと思いついた意外な切り口などを交えながら、勝手な解釈と知りつつ書かせていただいてきたわけです。

私は、そもそも本格的に教祖伝を研究したこともない素人です。研究者や道の先達から見れば笑止千万な文章なのだろうと、冷や汗をかきながら執筆してきました。

逸話篇にはご存じの通り、200編の逸話が載っています。これらはジグソーパズルでいえば、一つひとつのピース、かけらだと思います。ですから、このかけらとあのかけらが一致するから面白いとか、このかけらの絵柄は隣のこの部分の模様と一致するからここにぴったりはまるのだとか、あれこれと説明するよりも、実はもっと大切なことがあります。パズルが出来上がったときに、全体としてどういう絵が現れるのかということです。

一つひとつのご逸話には、当然のことながら違う登場人物がいます。そしてそれぞれの状況も違います。まったく違う状況で違う逸話が並ぶ。しかし、その中のすべてに一貫して流れているテーマがある。そのテーマとは何か。私は、それは「つとめの急き込み」であると思っています。

二百あるご逸話の中で、力比べをなされたご逸話が9編も出てくること。そこまでして、教祖のなさることは人間業ではないということをお見せになったのは、究極的には将来やってくる明治20年の「おつとめをせよ」との言葉を重く受け止めさせるための布石ではないかということ。

また先人の方々の無い命、落ちる運命を助け上げられたのも、究極的にはつとめをつとめる人、道具衆を引き寄せるためでした。

そして、できあがったジグソーパズルの「つとめの急き込み」という絵は、全体的に「深い親心」という色調で染まっていると思います。

このことを理解する上で重要なご逸話、ジグソーパズルで言えば「背景」のような特徴のないピースではなく、絵を構成する鍵となる重要なピースだと思うご逸話があります。

「逸話篇一〇四　信心はな」

明治十五年九月中旬(陰暦八月上旬)冨田伝次郎(註、当時四十三才)は、当時十五才の長男米太郎が、胃病再発して、命も危ないということになった時、和田崎町の先輩達によって、親神様にお願いしてもらい、三日の間にふしぎなたすけを頂いた。そのお礼に、生母の藤村じゅん(註、当時七十六才)を伴って、初めておぢば帰りをさせて頂いた。

やがて、取次に導かれて、教祖にお目通りしたところ、教祖は、

「あんた、どこから詣りなはった。」

と、仰せられた。それで、「私は、兵庫から詣りました。」と、申し上げると、教

祖は、

「さよか。兵庫なら遠い所、よう詣りなはったなあ。」

と、仰せ下され、次いで、

「あんた、家業は何をなさる。」

と、お尋ねになった。それで、「はい、私は蒟蒻《こんにゃく》屋をしております。」と、お答えした。すると、教祖は、

「蒟蒻屋さんなら、商売人やな。商売人なら、高《たこ》う買《こ》うて安《やす》う売りなはれや。」

と、仰せになった。そして、尚つづいて、

「神さんの信心はな、神さんを、産んでくれた親と同んなじように思いなはれや。そしたら、ほんまの信心が出来ますで。」

と、お教え下された。

ところが、どう考えても、「高う買うて、安う売る。」という意味が分からない。そんな事をすると、損をして、商売が出来ないように思われる。それで、当時お屋敷に居られた先輩に尋ねたところ、先輩から、「問屋《とい や》から品物を仕入れる時には、問屋を倒さんよう、泣かさんよう、比較的高う買うてやるのや。それを、今度お

客さんに売る時には、利を低うして、比較的安う売って上げるのや。そうすると、問屋も立ち、お客も喜ぶ。その理で、自分の店も立つ。これは、決して戻りを喰うて損する事のない、共に栄える理である。」と、諭されて、初めて、「成る程」と、得心がいった。

この時、お息紙とハッタイ粉の御供《ごく》を頂いてもどったが、それを生母藤村じゅんに頂かせて、じゅんは、それを三木町の生家へ持ちかえったところ、それによって、ふしぎなたすけが相次いであらわれ、道は、播州一帯に一層広く伸びて行った。

この「高く買って安く売る」というテーマのご逸話を取り上げるのは二度目で、前回は足袋商の宮田善蔵先生に「商売人はなあ、高う買うて、安う売るのやで」とお諭しになったことに焦点を当てて述べさせていただき、似たようなご逸話としてこの冨田伝次郎先生のご逸話もご紹介しました。

しかし今回は、一見付け足しのように見える、このお言葉に着目したいのです。「神さんの信心はな、神さんを、産んでくれた親と同んなじように思いなはれや。

そしたら、ほんまの信心が出来ますで。」

私たちの日常は、決して穏やかな毎日ばかりではありません。身上や事情の渦中ではいろんな出来事に翻弄《ほんろう》され、本当の信仰というのは難しいものだと思う時もままあります。しかし教祖は、それは難しいことじゃない。「神さんを産んでくれた親と同じように思いなはれ」と仰せになるのです。

このご逸話をよく見てみると、冨田伝次郎先生に同行している人がいます。生母の藤村じゅん先生です。産んでくれた親といっしょに教祖にお目にかかっているわけですから、実に説得力のあるお言葉だと思います。

少し解説を加えます。伝次郎先生は、藤村じゅん先生の子どもとしてお生まれになりますが、事情があって兵庫の富屋町の冨田伝兵衛家の婿養子として迎えられました。

ご逸話に出てくる「和田崎町」とは、現在の神戸市兵庫区和田崎町、ポートタワーから南へ3キロほどのところにある海に面した場所で、対岸は神戸空港です。ここにはわりと早くから道がついていて、逸話篇に出てくる人でいえば、本田せい、端田久吉などが近所にいました。ここから後の兵神大教会初代会長、清水与之助先生へと道がつながります。伝次郎先生もこの流れからにおいがかかり入信されています。

また、生母の藤村じゅん先生は三木町（現三木市）にお住まいでしたので、そのつながりから三木真明講が生まれ、そこから多くの教会へと発展しました。明治14～15年は、播州の道の爆発的な進展へとつながる芽生えの時期でした。

ひながたの全体像を思い描くために

うちの直属の若い会長さんがある席でこういう話をしました。

「誕生日や生まれた時の話を知っているのも、親から聞いたからだ。だから親である神様の言うことを疑うようではいけない、って言うじゃないですか。でも『なあ、オレ、ホンマにお父ちゃんの子？』って何度も聞かれる親もツライと思いますよ」

吹き出すとともに膝を打ちました。その通りです。親を疑うということは、親につらい思いをさせることなのです。

親神様の私たちへの思いは、一日中じっとかわいい我が子を見つめ続ける親の思いです。転ばぬ先から先へ先へと手当をして、それでも転べばすぐに駆け寄って抱き上げ、やさしくなでてくれる親の思いなのです。あるいは時に、子どもの行く先を想うがゆえに涙をこらえて厳しく叱る、厳しくも優しい親の思いです。

その親を疑う、不平を言う、不満に思う。これほど親に残念をかける通り方はないと思います。そのことに気づいたお互いは、居ても立ってもいられません。「恩に報じなければならない」のではなく「恩に報じたい」のです。これが「産んでくれた親と同じように」思うということでしょう。そしてその方法が、「おつとめをつとめる」ということなのです。

このことを端的に表したジグソーパズルのピースが教祖伝第五章にも見えます。それは、「このつとめで命の切換するのや。大切なつとめやで」という教祖のお言葉です。これも「ひながたの全体像」を思い描く上で重要なかけらです。

なぜつとめをせねばならないか。その意義を人間の側から思案を重ね探るのもいいでしょう。しかし究極のところは、おやさまが命をかけてお急き込みくだされたものだから、という理由以上の理由は要りません。とにかくおつとめをつとめることが、せかいたすけの究極の手段です。ここは理屈ではなく「原理主義」に徹しきらねばなりません。実際におつとめによって奇跡は現れます。それは道を通るお互いなら誰しも経験がおありだと思います。

本書をお読みのようぼくの皆さんも、親神様が自分や先祖に不思議珍しいたすけを見せて、何のためにこの道に引き寄せてくださったのかを思案すれば、自ずとおつとめをしっかりつとめさせていただく、という結論にたどり着くと思います。

そのおつとめはどこでつとめるか。教会です。所属教会が遠ければ、会長さんにお断りして、近くの教会に参拝させていただきましょう。

教会へお参りをし、おつとめをつとめることは、このひながたをたどるための、一番に重要な眼目であると思います。

研究ノート「逸話篇二一　結構や、結構や」をめぐって

前生のせい？——悪者を見つけて安心しないこと

先日、尽くしも運びもしっかりなさっているようぼくの方が、身体の変調を訴えて教会に相談に来られました。ひとしきり相談が終わると、ぽつりと、「これだけ教会に運び、尽くしているのに、次々に身上や事情が起こる。私はよほど前生で神様に借りがあるのでしょうね」と、漏らされました。

確かにそういう悟りも大切だとは思います。これほど信仰しているのに、なんでこういう目に遭うのかという思いは、大なり小なりみんな経験があると思いますし、わからないことを「前生のせいだ」と思いたくなる気持ちもわかります。しかし、身上や事情をすべて前生のせいにするのは、少し待った方が良いと思うのです。そう結論づけるのはわかりやすいし、簡単です。しかし、簡単な結論

には落とし穴があります。結論を探すということは、悪者を探すということです。あれが悪いからこうなった。これが悪かったからこうなった。そして、悪者が見つかったら安心します。「前生の行いが悪いからこうなった」。

それが合っているかどうか、誰にも確かめることはできません。そして一番問題なのは、そこで思案が止まってしまうことです。身上や事情などのふしで神様がお見せくだされようとしている、もっと大きな親心や「心のあり方を建て替えなさい」というメッセージを見落としてしまうかもしれないのです。

私は前生を引き合いに出すことは、いろいろ手を尽くして考えたあげく、そうでないと結論が出ない、というときまで取っておいたほうが良いと思います。

先ほどの信者さんにこう申し上げました。

「たしかに一生懸命運んで尽くしても、ふしを見せられるってつらいですよね。でもね、教祖は人生の悩みの解決に〝ひながた〟を残してくださっています。どんな難しい現代の悩みも、その解決の糸は必ずひながたにあります。

いま、『これだけ教会に運び、尽くしているのに』とおっしゃいましたよね。昔、やっぱりそう思われた先生がおられたのです。ちゃんと昔の先生方は、私たちのために同じ思いを味わってくださっています。今日、お時間はいいですか？　ちょっといっしょに逸話篇を勉強してみませんか」

こう言って、「逸話篇二一」をいっしょに拝読しました。

「逸話篇二一　結構や、結構や」

慶応四年五月の中旬のこと。それは、山中忠七が入信して五年後のことであるが、毎日々々大雨が降り続いて、あちらでもこちらでも川が氾濫《はんらん》して、田が流れる家が流れるという大洪水となった。忠七の家でも、持山が崩れて、大木が一時に埋没《まいぼつ》してしまう、田地が一町歩程も土砂に埋まってしまう、という大きな被害を受けた。

この時、かねてから忠七の信心を嘲笑《あざわら》っていた村人達は、「あのざまを見よ。阿《あ》呆《ほ》な奴や。」と、思い切り罵《ののし》った。それを聞いて忠七は、残念に思い、早速お屋敷へ帰って、教祖に伺うと、教祖は、

「さあ〳〵、結構や、結構や。海のドン底まで流れて届いたから、後は結構やで。信心していて何故、田も山も流れるやろ、と思うやろうが、たんのうせよ、

たんのうせよ。後々は結構なことやで。」

と、お聞かせ下された。忠七は、大難を小難にして頂いたことを、心から親神様にお礼申し上げた。


ここで、山中忠七先生のことに触れます。

おぢばから南へ4キロのところに三昧田の教祖のご生家があります。山中忠七先生は、さらに4キロ南の現奈良県桜井市大豆越《まめごし》でお生まれになりました。田地持ちと謳《うた》われ、立派な体躯《たいく》から「大仏さん」とあだ名がつく、地域の名士でした。

文久4年正月、妻の「その」さんの痔の病をおたすけいただいて入信されました。「その」さんの弟さんは山澤良次郎先生、そのいとこが大和神社の一件で登場する守屋筑前守です。娘さんのこいそさんは、後に敷島大教会二代会長、山田伊八郎先生の奥さんになられます。他にも岡本重治郎先生（旭日大教会初代岡本善七先生の父）、上田平治先生（上田民蔵先生の父）などが親戚です。天理教史におけるキーマンの一人が入信されたのです。

忠七先生はいつも、水色の縁どりをした真っ赤なフクリンという生地の袋に、白米一升を入れてお屋敷へ通われました。文久4年（1864）以降数年間、毎日です。

そのころのおやしきは大変な困窮の時で、こかんさまは布留川のほとりまで毎日出かけて、現在の高安詰所方向を眺めて、この「大仏さん」が来るのを待たれていたということです。そして姿が見えると、今日もお米の心配をしなくて済むと安堵なされたといいます。忠七先生はこの毎日のお参りが無上の喜びになっておられました。

次女の山中こいそさんが「お父さん、いっそ五斗俵まとめて御供えしたらええのに」とおっしゃっても、「こうして毎日少しずつ運ばせてもらうところに、結構がいただけるのや」と、おやめになりませんでした。

入信した翌月、2月には早くも扇のさづけ、同3月に御幣《ごへい》のさづけをいただかれています。

文久4年は、2月に改元して元治元年となります。同年7月26日から始まる「つとめ場所のふしん」の相談では、「山中忠七、費用引き受けます」と、お引き受けになっておられます。田地持ちですから、ある程度のお金持ちでもあったのでしょう。それだけに運び、尽くしの道には実績を残された先生です。

明治23年9月3日の「おさしづ」の割書に「山中忠七古き道に肥を置き尽した る人に付」という表現がなされています。このおさしづの中で「楽遊びというは、あの者一人やで。外には無いで。」と神様がおっしゃっています。天理教の初期における尽くし運びの第一人者でした。

一町歩=百メートル×百メートル

こうして忠七先生の日参は続きました。往復4時間、5時間かけてお屋敷に日参されますので、村の人たちは、仕事熱心で有名だった忠七先生の姿を田や畑で見かけることが少なくなりました。誰言うともなく「忠七さんは、このごろ毎日のように羽織を着て北の方へ出かける。偉くなったもんや」と言って皮肉な笑いを投げかけたといいます。

ましてやこのころ、忠七先生は、時にはお屋敷に詰めて、寄りくる信者さん方の丹精もやっておられたとのことです。『御神前名記帳』という慶応時代の墨書資料がありますが、その臨書（書き写されたもの）を読んでみると、連日たくさんの山中忠七先生の日参を実際に経験してみたくて、私はある日フィールドワーク（実体験）に出かけました。

　まずは、山中忠七先生のご生家である現在の大和眞（やまとまこと）分教会にお邪魔して車を置かせていただき、神殿まで米一升を袋に入れて歩きました。

　10分くらいは何ともなかったのですが、だんだん1・5キログラムの米一升が重たくなってきました。右手に持ち替え、左手に持ち替え、それでもどんどん歩いて行きました。

　上街道を北上して、途中で里道に入りますと、忠七先生が歩かれたとおりの道は、今はなくなっています。しかし、できるだけ忠実に歩かれた道と思われるルートをたどりました。田んぼのあぜ道やコンクリートの用水路などを歩いて、なんとかたどることができました。

　私の足で、8キロは1時間半ちょっとかかりました。昔の人は健脚だったに違いないと思い、急ぎ足で歩きましたので足の裏に大きなマメができてしまいました。

　歩くだけで往復3時間以上。おやしきで何かひのきしんでもなさろうものなら、4時間、5時間、もっと時間が掛かったでしょう。仮に4時間だとすると、朝7時に家を出て帰宅は11時になります。往復するだけでおよそ半日はつぶれてしまうことがわかりました。

　やっと神殿に到着した私の手は、米一升の重さでしびれていました。またマメのために、足を引きずりながら歩くありさまでした。

　そして、そのお米を西礼拝場の神饌受付に恐る恐る持って行ったのです。たった米一升を受け取ってくださるだろうかと、ビクビクしながらその旨を申し出ますと、私の痛々しい姿を見て深々と頭を下げ、受け取っていただきました。おまけに「お御供（ごく）」まで頂戴しました。

　私は大変恐縮したのですが、わずか1時間半の苦労を思い返して、涙が出そうになりました。そのとき頭に閃いたのは山中忠七先生のお気持ちでした。なるほど、あの神饌受付係の方が深々と頭を下げられたように、きっとこかん様も、喜びのあまり忠七先生に深々と頭を下げお礼を言われたに違いない、そう思ったのでした。

　帰り道、同じ道を帰りながら、私は山中忠七先生が数年間もこの米一升の日参を続けられた、そのお気持ちがわかったような気がしました。

人が、教祖のおたすけを乞うておやしきを訪れている様子がうかがえます。それらの人々のお世話を、秀司先生や飯降伊蔵先生たちだけがやっておられたとは思えません。きっと忠七先生もお手伝いなさっていたことでしょう。ときには大豆越にお帰りになることさえままならず、泊まり込みで御用をなさっていたと思います。その証拠が、逸話篇に残っています。

逸話篇一五「この物種は」には、慶応2年2月7日の夜遅くに、神床の下に納めてある壺を忠七先生にくだされたお話がありますし、二〇「女児出産」にも「慶応四年三月初旬、お屋敷に泊めて頂いて」という記述があります。まさに精魂込めて、お屋敷のご用に打ち込んでおられました。

慶応4年のこの大雨の被害のご逸話は、こういう尽くし運びの毎日や、我を忘れた伏せ込みの日々を丸4年以上も続けておられたときのご逸話なのです。ですから、「村人達は、『あのざまを見よ。阿呆な奴や。』と、思い切り罵《ののし》った」と書かれているとおり、つらい目に遭われるのです。

忠七先生は、地域の名士ですからプライドもおありになったことでしょう。罵られたのを残念に思い、「早速お屋敷へ帰って」教祖に伺われたわけです。このときの無念が「早速」の二文字に表れているような気がします。

教祖は、

「さあく、結構や、結構や。海のドン底まで流れて届いたから、後は結構やで。信心していて何故、田も山も流れるやろ、と思うやろうが、たんのうせよ、たんのうせよ。後々は結構なことやで。」

と、お聞かせくだされました。「忠七は、大難を小難にして頂いたことを、心から親神様にお礼申し上げた」とあります。しかし、そう簡単にお礼を申し上げる心になれるでしょうか。

1町歩とは、現代の度量衡《どりょうこう》で1ヘクタール。100メートル×100メートルです。だいたい学校の運動場2〜3個分くらいと思えば良いと思います。そこに持山が崩れて、大木が一時に埋没してしまう、田地が一町歩程も土砂に埋まってしまう、という大きな被害を受けたわけです。

1町歩を埋める土砂とはどの程度のものか。山のふもとは大木が一時に埋没するくらいの土砂量ですが、遠いところはだんだんと土砂の厚さも減ってくる。仮にそこに平均して50㎝の土砂が流れ込んだとしましょう。その量は5千立方メートル。10トンダンプで約840台分です。

この土砂をもっこ棒で担いで撤去する。埋まった大木を手作業で撤去する。岩なども崩れて転んできているとしたら、もうこれは大変な作業になるわけです。

4年以上も、毎日熱心に運び尽くしゃ伏せ込みをしている忠七先生が、これほどの被害を大難は小難と、すんなりと喜べたのでしょうか。恐らくなかなか喜べなかったのではないかと思うのです。そして、それは教祖もご承知です。「信心していて何故、田も山も流れるやろ、と思うやろう」とおっしゃっている。

私はこのご逸話は、「信心していて、それでもつらいことが起こってくることもある。でも、大難は小難と無理矢理にでも思って、たんのうしなさい」という逸話だと思っていました。またそう人にも説いてきました。きっと大難を小難に変えてくださっているんだから、そう思い替えて喜ばせていただきなさい、と。

でも、それってあきらめにも似ていませんか？　もし来るべき大難が見えていたら、ああ、それに比べて小難でたすけてくださったなとわかりますが、それは人間の目には見えません。

梅雨末期の大雨に台風

いま、大難が見えたらと申しました。そうです。大難が見えたら目の前のつらいふしも、小難に見えます。

この忠七先生の逸話を調べてみると、実際は「大難は小難と納得して喜びなさい」という、そんな逸話じゃないということがわかってきました。

今日ではありがたいことに、１５０年も前の災害がどういうものだったか、比較的簡単に調べることができます。私はこれほどの被害を出す大雨なら、きっとどこかにその様子を書き留めた史料が残っているはずだと考えました。そしてインターネットで検索したのです。

結果はすぐに見つかりました。淀川の上流、現在の大阪府高槻市、京阪上牧《かんまき》駅近辺、さらに上流・淀川の支流の京都府八幡市の桂川と、宇治川、木津川が合流する地点から真ん中の宇治川を遡上《そじょう》して、もっと上流、京都府久世郡《くせぐん》久御山町《くみやまちょう》一口《いもあらい》というところの水害記録が見つかったのです。日付はぴったり逸話篇にある慶応4年5月。立命館大学の地理学研究室という所が論文を出していました。

この記録をもう少し詳しく見て参ります。論文の元となる墨書での記録日記を残していたのは、枚方市上島《かみじま》、当時の北河内の国、上島村の庄屋、吉川惣七郎という人でした。『慶応事件記』という文書です。

私はさっそく活字に翻刻された史料を、大阪市立図書館まで行って読みました。記録によりますと、教祖伝には慶応4年5月とありますが、正確には雨の降り始めは、閏《うるう》4月20日、その日から5月22日までの約1カ月、32日間の間に、なんと24日間も大雨が降ったと記録されています。もっともこれは旧暦で、現在の暦に直すと、降り始めは1868年6月10日です。そして大きな被害は、6月27日から7月11日まで2週間にわたって続いています。

つまり、これは梅雨末期の集中豪雨の被害であることがわかりました。

さらに記録をひもといていくと、もっと興味深い事実がわかりました。何と記録の中に高潮の被害記録が出てきたのです。しかもその被災地は、高潮が起こりそうな大阪湾沿岸ではなく、枚方市上島や、京都府の八幡市のもっと上流の、京都府久世郡久御山町一口で起きていました。

上島地区の記録に命からがら助かった人の話が載っているのですが、その堤防を越えた水が塩辛かったというのです。また京都の一口では、なんと鯛が捕れた、と記録されています。つまり大阪湾の海水が、高潮に吸い上げられて淀川を遡《さかのぼ》り、大阪府から京都に運ばれ、そこで鯛が捕れるほどの高潮被害が起きていたのでした。

中心気圧がそこまで低い低気圧というと、そうです。これは台風でした。しかも恐ろしく中心気圧が低い猛烈な台風です。つまり超大型台風が、慶応4年旧暦5月に大阪地方を襲っていたのです。

近畿地方で最初にできた和歌山地方気象台は明治12年、京都地方気象台は明治13年の設立ですから、慶応年間のことは当然記録には残っていません。手がかりは、こういう奇特な人が残してくれた墨書の史料しかないのですが、幸運にも見つけることができました。

この地理学の論文では、この台風をいろんな台風と比較しています。昭和9年の中心気圧911・6ヘクトパスカル、18000人の死傷者を出した室戸台風、昭和25年の940ヘクトパスカル、26500人の死傷者を出したジェーン台風、昭和36年の925ヘクトパスカル、5200人の死傷者を出した第2室戸台風と比較しています。恐らくこれに匹敵したであろうとの見解です。

つまり逸話篇に書かれている状況を要約しますと、梅雨の末期の集中豪雨に加えて、大型で猛烈な台風がしめった南風を梅雨前線に供給し続けて、線状降水帯沿いに大雨が降り続く。とどめに、その恐ろしく中心気圧の低い台風の中心が大阪の淀川沿いを通過する。あちこちで高潮による死者が出て、高潮で運ばれた大阪湾の鯛が京都で見つかる。これが慶応4年5月の大雨の実態でした。

事実を知らなければご恩も見えない

次に私は、この崩れた持山はどこにあったのか、正確に知りたいと思いました。山中忠太郎先生（憩の家院長）にお尋ねしましたが、わからないというお答えでした。

大豆越のあたりに崖崩れするような山はありません。山中忠七先生の生家の真東方向にある景行天皇陵の南東、三輪山のふもとの穴師《あなし》の付近まで行けばそういう山がありますので、おそらくはそのあたりかもしれないと思いました。

橋本正治著『清水由松傳稿本』には、

「(山中先生は)元治元年、最初のつとめ場所の建築にも、穴師の纏向(まきむく)山にあった持山の木を切って献納し」(84頁)

と書かれています。穴師の纏向山に忠七先生の持山があったのは、事実のようです。

さらに調べていくうちに、別の史料に巡り会いました。『大和風水害報文』という史料が、「奈良縣観測所(現・奈良県気象台)」というところから大正2年に発行されています。この史料には、江戸時代から明治期にかけて、奈良県で起きた大きな災害がまとめて掲載されていました。

慶応4年のこの災害も、きちんと記載がありました。年号は明治元年になっていましたが、慶応4年が明治元年ですから間違いありません。

その中に「式上《しきじょう》郡纏向《まきむく》村穴師にて、家屋、稲小家、物置、十六棟潰倒《かいとう》し、同(五月)十六日、又山崩して大水出で潰家あり四人其《その》下に壓《お》せられしも二人は助かりたり」の記述を発見しました。

ご逸話にある「川が氾濫して、田が流れる家が流れる」という状況が、公記録に書かれていたのです。これで、山崩れの被害の日時が特定されました。慶応4

年旧暦5月16日（陽暦では7月5日）ということになります。

さて、念のため先ほどの『慶応事件記』の記述と照らし合わせました。

「（五月）十六日辰小雨　五ツ過ゟ《より》晴
（前略）、床ゟ四寸斗《ばかり》水間切候、（後略）」

5月16日には、上島村では雨は小雨となっています。

しかし、5月11日から強い雨が16日まで5日連続で降り続いていることが記載されていますし、その間、次々と上島村付近の淀川の堤防が切れている様子が、切迫した雰囲気で書かれています。また梅雨末期の局地的な豪雨ですから、大阪の東北部で少雨でも、奈良県地方は大雨だった可能性もあります。

5月17日には、

「一、高月領唐崎村冠村堤切込六千石水入、御城御殿も床ゟ壱尺余上る、（中略）扨水入引落候処、蠅ニ者（には）誠困リ入申候」の記述があります。

つまり、「高槻城の床上一尺まで浸水した。水が引きだしたが、蠅にはまことに困っている」と書かれています。衛生状態も相当悪かったようです。

いずれにしても、11日から降り続いた豪雨で地盤が緩み、ついに山が崩れたのは、旧暦5月16日で間違いないでしょう。

次に私がやることは、この穴師の地籍図原簿から、「山中忠七」の人名を発見することです。まだまだ調べ物は続きます。

私たちは、事実を知らなければ、ご恩も見えません。こういう台風であったという事実を知ると、先ほどの「逸話篇二一　結構や、結構や」の描き出す風景は、少し違ったものとして映るのではないでしょうか。

あれは、大難を小難に思いを替えましょう、などという生やさしいものではなく、まさに大難は小難でした。それほど大きな台風の、しかも進路の右側ですから、持山が崩れるくらいで人的被害が出なかっただけでも、間違いなく「大難は小難」だったのです。

親神様は忠七先生の誠真実をお受け取りくださって、大難を小難に変えてくださっていたのです。「海の底まで流れて届いた」というのは、けっしてオーバーな表現ではなく、本当に大雨で土砂を含んだ濁流が付近の大和川を流れて大阪湾まで届いていたのです。

「たんのうせよ、たんのうせよ」とは決して励ましや慰めの言葉ではなく、親神様にはしっかり見えておられた大難が、小難になったことをしっかり喜びなさい、という、まさに「たんのう」を促される言葉でした。村人から罵られても、悔しい思いをしても、そう感じられるのは生きている証拠なのです。

おさしづに、

「神の守護も無きものかなあと、中にそういう事も思う者もある。皆これ大難小難救けたる。」（おさしづ　明治34・11・21）とあります。

さて、信者さんの話に戻ります。逸話篇をいっしょに読ませていただいて、私はこの逸話の奥にある世界を解説いたしました。

「今、あなたの身の回りにもいろいろなことが起こって、大変ですよね。悩みもするでしょう。なぜこんなことが起こるのだろう、と思いますよね。思って良いんです。教祖が『何故、田も山も流れるやろ、と思うやろ？』と仰せになっていますよ。なぜ？　って思って良いんですよ」

「今のあなたの悩みを誰よりも助けたいと思っているのは、目の前にいる会長の私ではありませんよ。こういうふしをお見せくださっている教祖ですよ。大きな爆弾を、親心で手榴弾くらいにしてくださって、私たちに心を建て替えなさい、と仰せになっているのですよ。これに気づくのがたんのうですよ」

と申し上げたのです。

後日、この信者さんはこのときの身体の変調がもとで、「ガン」が早期発見されました。変調がなかったら、手遅れになっていたと医者が言ったそうです。

現代のすべての悩みは、全部教祖が、先にひながたとして通ってくださっています。答えは必ずどこかにあります。探せないのは、こちらに根を掘る力が足りないからです。

はやく〳〵としやんしてみてせきこめよ
ねへほるもよふなんでしてでん　（五号　64）

このねへをしんぢつほりた事ならば
ま事たのもしみちになるのに　（五号　66）

このよふのもとはじまりのねをほらそ
ちからあるならほりきりてみよ　（五号　85）

このねへをほりきりさいかしたるなら
どのよなものもかなうものなし　（五号　86）

私は、この10年くらいで、教祖伝の研究やおさしづの研究方法は大きく様変わりしたと思っています。私がご紹介したデータは、何も国会図書館や天理大学の図書館に行かねば手に入らない史料ではありません。少しの好奇心とスマートフォンがあれば、検索をかけて、誰でも手に入れることのできる史料です。

ですから教理の勉強に、またひながたの勉強に、インターネットやコンピューターを使わないのは、こういう環境にしてくださった親神様の親心を無にすることになるのではないか、とさえ思います。

「逸話篇二一、結構や、結構や」を台にして、思いの一端を披瀝《ひれき》いたしました。

研究ノート「鴻田忠三郎先生と新潟の道」

奈良を代表する篤農家《とくのうか》

「逸話篇一四四　天に届く理」で取り上げた鴻田忠三郎先生について、もう少し詳しく見て参りましょう。

文政11年2月22日、南河内郡埴生村字向野で高谷家の四男として誕生。5歳の時（天保3年?）、養嗣子として、奈良県磯城郡川東村大字檜垣（現天理市）の鴻田家へ。

安政6年、31歳で守屋筑前守の姪、八重子と結婚。後にさき子夫人と再婚されました。

嘉永4年、年寄役。文久3年、庄屋。

明治6年、戸長。明治9年、村惣代。

明治11年、川東村小学校学務委員。

地域の重要ポストを歴任するほど村人らの信頼も厚く、頭脳明晰、インテリの知名の士でした。特に明治3年、収穫高に優れる麦の種を河内から持ち帰り、大和国に広く普及させた功績が顕著でした。「河内麦」または「忠三郎麦」と呼ばれたそうです。

明治10年、国内物産の開発・奨励を第一義の目的に東京・上野で開かれた「第一回内国勧業博覧会」には、檜垣村から「鴻田」という品種の稲籾が出品されています。この博覧会に大和から農産物を出品したのはわずか5名でした。その功績もあって、明治13年2月、農事通信員を拝命。明治13年の綿糖農談会には大和代表2名の一人に選ばれておられます。

なぜ大和代表と言うのか。それは当時、大和国は奈良県ではなく、明治9年～14年は堺県、14年～20年は大阪府の一部に編入されていて、堺県大和国、あるいは大阪府大和国という名称だったからです。廃藩置県のあった明治4年から9年までの間は、今と同様に奈良県と呼ばれていたので、余計にわかりにくい話になっています。

また明治14年、「第二回内国勧業博覧会」では、大和代表団の3名に入り、その後も全国規模の農談会には奈良県代表としてたびたび出席するほど全国区の活躍をなさっていたのです。『日本農法史研究』（徳永光俊著　農山漁村文化協会・1997）などの学術書にも、「鴻田忠三郎」の名前がたくさん出てきます。

明治14年4月には大阪府からの派遣で新潟に耕作係教師として赴《おもむ》かれます。このとき新潟県の「農事試験場」に勤めておられたと多くの本に書かれていますが、正確には「新潟県勧農場」。「新潟県農事試験場」と改称するのは明治28年のことです。勧農場は農学者を養成して県内外に派遣する高等教育機関でした。

忠三郎先生は、明治14年9月には大日本農会から、種芸科農芸係担当を拝命。新潟県勧農場での任務は多忙を極めたことと思います。

この年の暮れ、帰省してみると次女りきさんが失明寸前になっていました。そこで岡田与之助（後の宮森与三郎）先生からにおいがかかり、明治15年3月5日、おぢばがえり。次女りきさんはおたすけをいただかれるのです。

「逸話篇九五　道の二百里も」

明治十四年の暮、当時、新潟県の農事試験場に勤めていた大和国川東村の鴻田忠三郎が、休暇をもらって帰国してみると、二、三年前から眼病を患っていた二女のりきが、いよいよ悪くなり、医薬の力を尽したが、失明は時間の問題であるという程になっていた。

家族一同心配しているうちに、年が明けて明治十五年となった。年の初めから、この上は、世に名高い大和国音羽山観世音に願をかけようと、相談していると、その話を聞いた同村の宮森与三郎が、訪ねて来てくれた。宮森は、既に数年前から入信していたのである。早速お願いしてもらったところ、翌朝は、手の指や菓子がウッスラと見えるようになった。

そこで、音羽山詣りはやめにして、三月五日に、夫婦とりきの三人連れでおぢばへ帰らせて頂き、七日間滞在させて頂いた。その三日目に、妻のさきは、「私の片目を差し上げますから、どうか娘の儀も、片方だけなりとお救け下され。」と、願をかけたところ、その晩から、さきの片目は次第に見えなくなり、その代わりに、娘のりきの片目は、次第によくなって、すっきりお救け頂いた。この不思議なたすけに感泣した忠三郎は、ここに初めて、信心の決心を堅めた。

そして、お屋敷で勤めさせて頂きたいとの思いと、新潟は当時歩いて十六日かかった上から、県へ辞職願を出したところ、許可はなく、「どうしても帰任せよ。」との厳命である。困り果てた忠三郎が、「如何いたしましょうか。」と、教祖に伺うと、

「道の二百里も橋かけてある。その方一人より渡る者なし。」

との仰せであった。

このお言葉に感激した鴻田は、心の底深くにをいがけ・おたすけを決意して、三月十七日新潟に向かって勇んで出発した。こうして、新潟布教の第一歩は踏み出されたのである。

このご逸話を読んで、私はふと疑問が心から離れなくなりました。それは「どうしても帰任せよ」との厳命でした。というのも、忠三郎先生はこの年の11月10日に「老躯《ろうく》、その職に堪《た》えず」と再度辞職願を出したところ、受理されています。「どうしても帰任せよ」のわずか8カ月後にあっさり受理されているのです。そして年明けの1月13日には新潟を後にしておられる。これがどうしても引っかかりました。

私は、この明治15年3月から11月にかけて、どうしても忠三郎先生の手を借りねば成し遂げられないことがあり、それが厳命につながったのではないか。そういう事情が、新潟県勧農場にあったのではないかと考えました。

鴻田忠三郎先生と関澄蔵氏のこと

調べていくうちに「関澄蔵」という人物に行き当たりました。関澄蔵氏は、広島県出身の士族。明治2年7月、東京に設立された官立教育機関、大学南校（後の東京帝国大学、法・理・文学部）でドイツ語を修めた俊英です。その後、明治11年より明治15年まで新潟県勧農場（赴任当時は新潟県樹芸場）に教授として赴任しています。忠三郎先生の赴任期間と明治14年から重なっています。

関教授は、「新潟県樹芸場」に赴任すると同時に規則を整え、明治13年「新潟県勧農場」として体制を確立しました。

明治政府は当時、富国強兵政策を推し進めていました。そして、日本の主要産業であった農業の振興を、国の政策の柱としていました。そのために各地に勧農場を作り、明治26年以降は農事試験場を作って、効率のよい農業を全国に普及させようとしたのです。

明治9年に開校された札幌農学校にクラーク博士を招聘《しょうへい》して、西洋の技術で農業を普及させようとしたのも、この政策の一環でした。ちなみに新潟県勧農場の前身、「新潟県樹芸場」の開設は、札幌農学校より2年早い明治7年でした。

関氏が行った大変重要な業績に、教科書の翻訳がありました。当時、「学術書」といえば欧米から輸入された原書しかありませんでした。高等教育は全て原書で行われていたのです。これでは優秀な人材はなかなか育ちません。そこで関氏は、日本語で専門の学問を教えることを目指し、ドイツの専門書を自ら翻訳しました。実に14教科もの教科書を翻訳したといわれています。それをもとに若い人材を育て、多くの優秀な専門家を養成したのです。

現在でも国立国会図書館デジタルコレクションに、関氏が翻訳した農業と理科の教科書が保存されています。「農商務卿西郷従道」と西郷隆盛の実弟のサインも入っています。

そして農業について関氏がまとめた本が明治15年12月に発刊されているのです。『農業捷径《しょうけい》』という本です。「捷径」とは近道という意味です。農業は結果が出るのが一年に一度という場合が多く、知識や経験を蓄積するのに長い年月がかかります。そのため全国各地に「老農」と呼ばれる経験と知識を併せ持った人たちがいて、各地の営農の指導をしていました。忠三郎先生も「老農」のひとりです。

その知識と経験を一冊にまとめて全国に配布したら、誰でも生産力を上げることができます。まさに収穫量増産の近道なのです。

この『農業捷径』も国立国会図書館デジタルコレクションに収録されています。穀物の育て方から牧畜、養鶏に至るまで、また種まき法から施肥法、管理法に至るまで、実に詳細にその方法が誌《しる》されています。当時の日本からの輸出品目は、生糸、お茶、水産物、米などがほとんどを占めており、一次産業が富国に果たす役割は大きいものがありました。また農業生産性の向上は、そのまま国民の生活力の向上に直結します。まさに国策として発行が急がれた書物でした。

巻末に記された定価は「金70銭」。明治15年の物価では、白米10キロが60～80銭ですから、現在の価格で3千円くらいでしょうか。

12月に発刊されたのはこの『農業捷径』だけではありませんでした。『小学農業捷径』という本が、上巻、中巻、下巻と出版されています。これは『農業捷径』

を、小学生にもわかりやすく解説した図入りの教科書です。

学制が発布されたのが明治5年。教育令が発布されたのが明治12年。しかし、多くの子どもたちはまだまだ貴重な労働力として農業の手伝いをしていました。その子どもたちにわかりやすく農業を教え、生産性を高めるのは時代の要請でした。恐らく関氏は、忠三郎先生が辞職を願い出られた明治15年3月の段階では、この本を執筆中だった。その時期に、国家的なプロジェクトのために忠三郎先生の見識が必要だったに違いないと思いました。私は「どうしても帰任せよ」との厳命が、この関澄蔵氏から発せられたに違いないと確信しました。

もし新潟へ帰れの厳命がなかったら……

私はわくわくしてきました。そしてこの本ができあがり、版権免許を取得したのが10月。そして12月の発刊へとつながります。

関澄蔵氏はその直後に新潟を離れて、中央官庁である農商務省へ転勤、東京都神田区駿河台（現千代田区神田駿河台）に居を構えているようです。職を辞して道一条を急がれていた忠三郎先生も自分の役目がひと区切りし、11月の辞表提出につながったのだと思いました。

関氏はこの後、官僚としての道を昇り詰めていきます。農商務省、外務省と歴任し、農業に関する原書の翻訳や本の執筆に名を残しています。

考えてみればこの「どうしても帰任せよ」の厳命がなかったならば、「道の二百里も橋かけてある。その方一人より渡る者なし。」との教祖のお言葉もありません。そして新潟に帰られた忠三郎先生が、一日の仕事が終わってから熱烈な布教をなされ、わずか半年で百数十戸の信者をお与え戴かれることもありませんでした。忠三郎先生は、導いた信者たちから「勧農場に辞表を提出されたあとも新潟に残って、新潟の土となってください」と乞われるほど慕われました。忠三郎先生もいったんはその心を定められました。

しかし、このころのお屋敷の様子は、この明治15年の5月にかんろだいの石が没収され、我孫子事件が起き、10月には教祖が奈良監獄所へ12日間ご苦労くだされました。警察の弾圧がまさに厳しさを加えて、お屋敷の空気は緊張を含んでいたのです。こういう事情もあって、その見識と長《た》けた行政対応能力を頼りとして、宮森与三郎先生から帰郷を促すお手紙が届きました。そこで仕方なく、翌明治16

年1月、新潟の布教地は齊梧清蔵氏に任せて、大和に帰ってこられたのです。

この齊梧清蔵氏の養女ハナさんと結婚なさったのが池四郎平先生、後の新潟大教会初代会長です。後につけられた講名は「鴻明講」。たすけていただいた忠三郎先生のご恩を忘れないために「鴻」の一字を入れたと伝えられています。これが現新潟大教会の礎《いしずえ》となりました。

大和に帰られた忠三郎先生は、その後さっそく明治16年3月15日に当時の所管だった大蔵省に対して、お屋敷を擁護《ようご》する建言書を「農事通信員」の立場で提出。その直後、24日に警察がお屋敷にやってきて、危うく「おふでさき」が没収されそうになるという事件が起こります。

山澤良治郎先生が6月19日に出直されるや、まだ入信1年半の身ながら、中山家の後見役を仰せつかり、山澤先生がなさっていた会計の役も引き継いで、お屋敷に詰められるようになりました。新しくできた御休息所の教祖の次の間で、事務のお仕事をなさっていた。おふでさきを筆写したり、「こふき」をお書きになったりしておられたのです。

明治17年の、便所掃除をさせられた拘留はこうしたときに起こりました。

もし、『農業捷径』『小学農業捷径』を執筆中の関澄蔵氏の「どうしても帰任せよ」との厳命がなかったら、今の越後地方の道はどうなっていたでしょう。逆に言えば、この厳命によってどれだけ多くの人が救われたのでしょう。ここに私は親神様の大きな親心と、先を見抜いた思召しを感じずにはいられません。「その方一人より渡る者なし」の意味も、まったく違って聞こえます。適材を適所に使うために、親神様が用意されたドラマに胸を躍らせました。

ちなみに忠三郎先生は、新潟から真っ直ぐにお屋敷に帰られたのではなく、なぜか一度東京に寄り道をされています。もしかしたら、そのときに一足先に新潟を発《た》った関澄蔵教授に会われたのかもしれません。もしそうだとしたら、国家プロジェクトとなる『農業捷径』を仕上げた二人が再会し、その人生における分岐点の新たな旅立ちとして、杯を酌み交わされたに違いありません。

その後、一人は中央官庁に入ってエリート官僚の道を歩み始め、もう一人は大和に帰って、宗教人として神様にその身を捧げ、国家権力からの迫害に決然として立ち向かい、道の発展の上になくてはならない人となるわけです。

こういうことを想像するのが教祖伝を学ぶときの、私の楽しみの一つです。

あとがき

本書は平成24年から『陽気』誌に連載したものを、今回大幅に加筆訂正したものです。

この連載を続けていたとき、意地の悪い先輩が私にこう言いました。

「キミ、書きやすいご逸話ばかり選んで書いたらアカン。一番の『玉に分銅』から順に書きたまえよ」

私は笑ってやり過ごしましたが、実はこの言葉は、私に対する大きなお仕込みだったと思っています。

「玉に分銅」を題材に書いてみろ、というのは「どのご逸話にも、もっと深い意味があるぞ。まだ掘り方が足りないんじゃないか？」というメッセージだと受け止めました。

今後も、しっかりとご逸話を拝読させていただきつつ、汲《く》めども尽きぬ親心をもっともっと掘り下げさせていただきたいと思っております。

さて、今から16年ほど前、２００３年（平成15年）のことです。前年から準備されていた「三日講習会」がいよいよ始動することになり、教材開発が進められていました。なんということか、私は「第3講　教祖」のカリキュラム構築、講師の研修、および視聴覚教材のシナリオ作りの御命をいただきました。

降って湧いたようなお話に当惑しましたが、これはきっと「教祖のことをしっかり学びなさい」という親神様の思召しだと思いました。つまり、「私のことを学びなさい」という教祖のご指示でもあったのです。

それから教祖について、無我夢中で勉強を始めました。そして、本当に自分は何も知らないんだ、と痛感させられました。そんな自分が「三日講習会」を受講なさる方のカリキュラムや視聴覚教材を作らせていただくのですから、あの1年間は冷や汗が幾筋も流れることばかりでした。最終的に視聴覚教材ができあがったのは、開講2週間前くらいだったかと思います。難産に難産を重ねた教材でした。

講師の研修では、「第3講　教祖」を担当なさる先生方に相当失礼なことも申し上げました。よくこんな若造の言うことを黙ってお聞きいただいたと思います。

はっきりと「あんたの突っ込みが一番きついんじゃ！」と怒鳴られたこともありました。今となっては赤面の至りですが、当時はそれでもチーム全体に、真剣に一つのことを作り上げようという熱気がみなぎっていたように思います。

それから数年が経ちました。「三日講習会」の立ち上げでいっしょに苦楽をともにさせていただいたS氏が本部勤務を辞め、養徳社に移られました。

ある日、S氏が詰所に来られ、突然こう言われました。

「あんたな、ワシが養徳社に移ってどう思う？」

「そりゃSさんは本が作りたいと常々おっしゃっていましたから、やりたいことをついにやれる環境におなりになって、おめでたいと思いますよ」

「へえ？　めでたいと思ってくれるか？」

「はい。このたびはおめでとうございます」

「そうか。ほな、お祝いはいらんから原稿書いてや」

あっけにとられながらやっと出た言葉が、

「何を書いたらいいのですか？」

「あ、企画ごと任すわ。3本くらい企画書を書いてや。良いのを選ぶから」

次の月に私は、正直に3本の企画書を書いて、その中から1本選んでもらうためにS氏に見せました。

「あ、ご苦労さん。全部もらうわ」

こうして書いた連載が「秋葉原事件に思う」の3回シリーズ。次に「ああ、教祖」の3回シリーズでした。

「ああ、教祖」という仰々しいタイトルは、実は私がつけたものではありません。私は最初、「ひながたと私」と名付けました。面白くないとS氏が言うので「私と教祖」と書き換えましたら「もっと面白くない」と酷評されました。では適当にお任せします、と言って出てきたタイトルが「ああ、教祖」だったのです。

浅学の私が、教祖のご逸話やひながたについてコメントする書き物ですから、3回くらいでやめましょう、ということでスタートしましたが、もう3回、もう3回と連載を伸ばしていくうちに、気がつけば続編も併せて21回の連載になっていました。

このたび、ご縁がありましてそれを一度全部書き直して、追加の原稿も書き下ろし、大幅に加筆訂正を加えたものを発刊する運びとなりました。

というわけですので、不勉強な者が厚顔の至りで書いた本です。まだまだわからないことがたくさんあります。いや、知れば知るほどわからないことが増えてくるというのが正直なところです。

読者の皆様にはご一読いただき、間違いなどがありましたらご指摘をいただきまして、叱責くだされますれば光栄に存じます。

茶木谷吉信

二〇一九年五月

【参考文献】

「ジュニア版天理教の歴史３おやさまに導かれた人びと」（道友社編　１９８５年）
「ジュニア版天理教の歴史５道をひらいた人びと」（道友社編　１９８６年）
「天の定規　本席飯降伊蔵の生涯」（道友社編　１９９７年）
「名誉会長様お言葉集」（天理教学生担当委員会　天理教学生会　１９７９年）
「舊きを尋ねて」（梅谷忠雄　養徳社　１９５７年）
「静かなる炎」（山本順司　天理教船場大教会　１９７９年）
「山名大教会史」（天理教山名大教会　１９３２年）
「正文遺韻」（天理教山名大教会　１９３７年）
「わたしと小鳥とすずと　金子みすゞ童謡集」（金子みすゞ　１９８４年）
「高井家資料」（高井猶久　１９９１年）
「先人の遺した教話（四）教祖より聞きし話・高井猶吉」（道友社新書19　１９８４年）
「諭達第三号」（三代真柱様　１９８１年）
「教祖伝入門十講」（矢持辰三　天理教道友社　１９８４年）
「ひながた紀行　天理教教祖伝細見」（天理教道友社編　１９９３年）
「復元　三二号」（天理教教義及史料集成部　１９５７年）
「山中忠七翁」（三才社　１９２３年）
「鴻田忠三郎傳」（三才社　１９２４年）
「日本農法史研究―畑と田の再結合のために」（徳永光俊　農山漁村文化協会　１９９７年）

「第十六回教義講習会抄録」（天理教道友社　１９５６年）
「川西町史　Vol.史料編」（川西町史編纂委員会　２００４年）
「天理教伝道史　Ⅲ」（高野友治　道友社　１９５６年）
「山中忠七傳」（山中忠正　山中忠昭　天理教大和眞分教会　１９６５年）
「慶応事件記」（吉川惣七郎　？年）
「清水由松傳稿本」（橋本正治　１９５３年）
「大和風水害報文」（奈良県測候所　１９１４年）
「奈良縣氣象災害史」（青木滋一　養徳社　１９５６年）
「歴史から学ぶ　奈良の災害史」（奈良県総務部知事公室　２０１４年）
「新潟大教会物語」（天理教新潟大教会史料部　１９９８年）
「農業捷径」（関澄蔵編　中近堂　１８８２年）
「小学農業捷径」（関澄蔵著　中近堂　１８８２年）
「新潟県農事試験場要覧」（新潟県農事試験場　１９０７年）
「通俗農家必携」（農商務省庶務局　１８８４年）
「理科提要」（関澄蔵編　１８８６年）

【参考サイト】

「ガベージニュース（平均寿命）」
http://www.garbagenews.net/archives/1940398.htm
「にいがた文明開化ハイカラ館（焼き接ぎ）」
https://hikaratataro.exblog.jp/25817248/
「東洋経済オンライン（国連世界幸福度）」
https://toyokeizai.net/articles/-/212723

茶木谷吉信　ちゃきたに・よしのぶ

昭和35（1960）年　熊本県菊池市生まれ
昭和58（1983）年　熊本大学文学部哲学科卒
昭和59（1984）年　天理教正代分教会長拝命
平成17（2005）年　熊本刑務所教誨師
平成25（2013）年　玉名市主任児童委員

世界たすけに活かす おやさまご逸話

令和元（2019）年５月26日　初版第１刷発行
令和６（2024）年１月26日　同第２刷発行

著　者　茶木谷吉信
発行所　図書出版 養徳社
〒632－0016 奈良県天理市川原城町388
電話 0743－62－4503　FAX 0743－63－8077
振替 00990－3－17694
http://yotokusha.co.jp/
印刷所　（株）天理時報社
〒632－0083 奈良県天理市稲葉町80

ISBN 978－4－8426－0125－0
定価は表紙に表示してあります。